[東京大学フランス語教材]

Promenades
En France et ailleurs

Université de Tokyo
東京大学教養学部フランス語部会 編

Presses universitaires de Tokyo
東京大学出版会

Promenades—En France et ailleurs
Texte+2CD
Département de français, Université de Tokyo, Komaba
Presses universitaires de Tokyo, 2006
ISBN 978-4-13-082126-1

図1 ヨーロッパ中世の森．ドングリをたっぷりブタに食わせて，これを殺し，塩漬け肉にして保存した．《ベリー公のいとも豪華なる時禱書》より，11月の暦絵．コンデ美術館蔵
©Photo RMN/René-Gabriel Ojeda/distributed by Sebun Photo

図2 「出会いと別れ」．ジュネーヴのコルナヴァン駅．

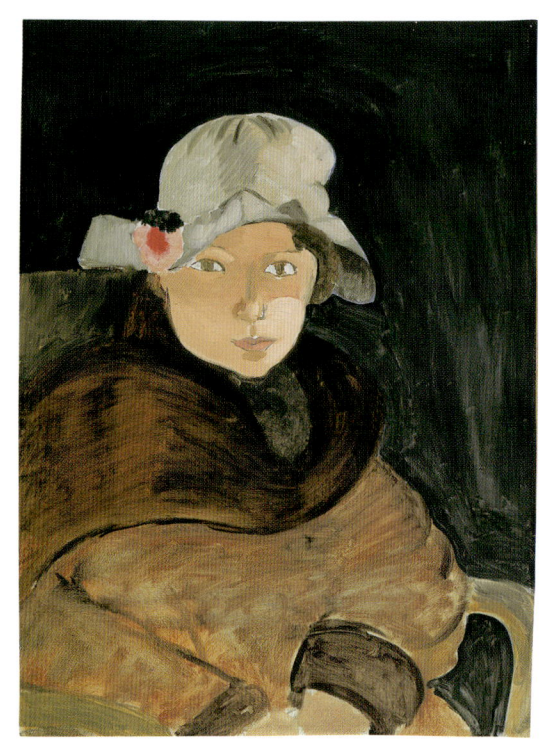

図3 「肖像画」．アンリ・マティス《画家の娘——マティス嬢の肖像》 1918年　大原美術館蔵
©2006 Succession H. Matisse, Paris / SPDA, Tokyo

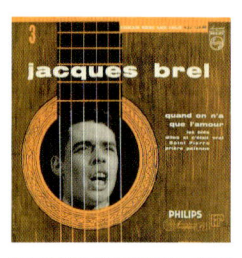

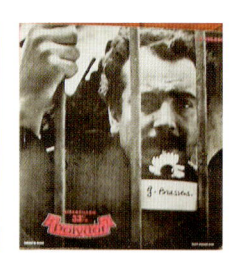

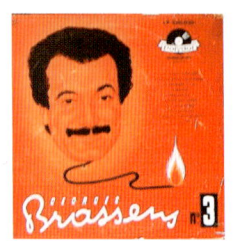

図4　フランスのシンガーソングライター．ブレル，ヴィアン，ブラッサンス．

図5 「オスマンのパリ改造」．オペラ通りを広げる．マルヴィルの写真より．パリ市歴史図書館蔵

図6 プレヴェールの詩集
『パロール』の表紙(1945)．

図7　パリのアラビア食料品店．ベルヴィル界隈にて．

図8　地中海の「光」と「影」．エジプトにて．©BELPRESS.COM

はしがき

　東京大学教養学部フランス語部会では，21世紀の大学における外国語教育，とりわけ「初修外国語」の教育はいかにあるべきかという問いかけに対する具体的な回答として，フランス語教材 *Passages* を世に問いました．それは2001年のことで，さいわいにも，大学内外の多くの方々の支持を得ることができました．そうした成果を活かしつつ，ここにニューバージョン *Promenades* をお届けします．

異なる「写し」としての外国語

　世界には3000近い言語があるといわれます．ラテン語のように死語となって，古典というテクストのなかで生き続けている言語もあります．北海道のアイヌ語のように書記言語を有さず，（文字を有する）日本語の支配に圧倒されて，現在では日常的な話し手がほとんど存在せず，保護の動きが活発となっている言語もあります．そして，もちろん一方では，英語という巨大な世界標準の言語が存在するわけです．

　しかしながら，その言語が文字を持とうが，持つまいが，話者が多かろうが，少なかろうが，それぞれの言語に優劣などはないはずです．各言語は，その言語を通して，自分たちの世界を写しとっている，あるいは切り取っているのです．外国語を学ぶ際に，もっとも大切なことは，その言語の背後には，その言語によって表象されている世界が厳然として存在するのだという，謙虚な姿勢ではないでしょうか．母語でない言語を習得するというのは，そうした異なる世界の「写し」を獲得する，それがいいすぎならば，そ

の「写し」の一端に確実にふれるということにほかなりません．単一にして一方向の「写し」に満足せず，異なる「写し」を通して，異なる世界観・価値観を知ることは，地球というひとつの惑星——運命共同体であります——に共に生きて，死んでいく人間としては，とても重要なことかと思われます．大学で外国語を学ぶ目的は，単に道具としてのことばをマスターすることではなく，そうした他者性の発見であり，理解であると，わたしたちは信じています．

こうした意味からも，2006年度から，東京大学でも，イタリア語が「初修外国語」となるのは，歓迎すべきことです．さらには，世界の多元性・多文化性を知るための不可欠な言語としてのアラビア語なども，仮に履修者がごく少数であっても，「初修外国語」となるべきだと考えています．ひとつのフランス語教材を作成する背景として，こうした信念が共有されていることを，理解していただきたく思います．

フランス語という窓から世界を読む，思考する

インド・ヨーロッパ語の有力言語としてのフランス語は，「理性のことば」として，西洋の上流階級の言語となり，啓蒙の世紀には，ラテン語に代わって，いわば知識人の国際語としての地位を獲得しました．「明晰な言語」——この命題の真偽はさておきますが——この特権的なイメージに後押しされて，フランス語は西欧近代の言説の成立に大きくかかわってきました．そして植民地主義の時代には，英語と並んで，いわば支配者の言語として世界各地に浸透し，ときに負の遺産も残すこととなりました．本書では，こうした歴史を有するフランス語という窓から，全7章構成により，世界を読みこんでいきます．

そのテーマは「地球環境」に始まり，「愛」「他者」「都市・情報」等々を経て，最終章では，「異なる文化をいかに受けとめるべきなのか」という問題に到達します．全7章，長短もさまざまな合計19篇のテクストからなっています．

「いちばん反対のものどうしが，いちばんの友となる」（プラトン）

7-1には，「文盲」と題されたテクストをあえて置きました．「わたし」は

母国ハンガリーからの亡命を余儀なくされて，スイスでは母語とは遮断された「文盲」状態となってしまいます．しかしながら「わたし」は，外国語で自己表現することを運命として引き受けることで，やがては著名な作家にまでなるわけです．7-2 は，イスラーム教における断食の季節「ラマダーン」が主題ですが，これもイスラームに改宗したフランス人という視点が貴重です．

3-3 には「還元不可能な」他者の発見こそが，自己認識の前提であることを教えてくれる，レヴィ＝ストロースの文章を選びました．本教材の「中心紋」は，このテクストかもしれません．これは実は，ルイス・フロイス『ヨーロッパ文化と日本文化』仏訳版の序文として綴られた小文なのですが，この偉大な文化人類学者は，エピグラフとして「いちばん反対のものどうしが，いちばんの友となる」という，プラトン『リュシス』の一節を引いています．みずからの価値観とは異なるからといって，他者の存在を認めず，あまつさえ圧殺にかかるということが，実は，自己という存在を貶めることでしかないことを，レヴィ＝ストロースのテクストは教えてくれる気がします（余談ですが編者は，自分がもう一人の自分を見つめる，ピンク・フロイドの《対》とそのジャケットを思い出しました）．そうした意味合いにおいて，この 3-3 は，7-3 と，すなわちチュニジア出身の作家メンミによる，含蓄の深い地中海論ともつながってきます．メンミは，文明のるつぼであった地中海は「平和の湖なのだろうか？」と自問して，いや「同じだけ血の湖だった」と答えながらも，「特異性のかなたにある普遍的な使命」を求めて，地中海の未来に希望を託すのです．

フランス語の歌，フランス語による詩

言語とは，まず音ありきです——文字を持たない言語はあっても，音のない言語はないのですから．そこで今回は，詩と歌（シャンソン）の章を別個に設けて，フランス語の音の楽しみを味わってもらうことにしました．そういえば，プルーストが，言語の発明がなかったとしたら，音楽が魂のコミュニケーションを引き受けていたかもしれないと書いていたことを思い出します（「囚われの女」）．

第 4 章にはブラッサンス，ヴィアン，ブレルと，大御所のシャンソンを収

めましたが，どれも噛みごたえ十分．第6章では，プレヴェール，ランボー，ボードレールを読み，聴くわけですが，同時に「詩法」の手ほどきともなっています．

なお，残念ながら著作権の関係で，シャンソンについては原曲をCDに収めることはできませんでしたが，見事な朗読が付いていますので，両者を聴きくらべれば興味深いと思います．

より，ゆるやかな共通教材として

東京大学教養学部では，2005年度から新カリキュラムに移行し，「初修外国語」は少人数クラスの実現にこぎつけました．

文系に関しては，*Promenades* は，従来どおりの必修教材です．そして，ゆるやかな申し合わせにもとづいて，1年次・2年次を通して使用していきます．2年次については，*Promenades* 以外にも，クラスの個性に合わせた教材を選択することで，柔軟な授業設計をしていくことになっています．

理系の場合は，「初修外国語」の必修は1年次のみとなり，2年次には，選択科目として，より効率的な教育を実践していくことになりました．そこで理系については，1年次の後半から，「総合科目」に *Promenades* を教材とする「特設クラス」を設けて，濃密な授業を展開します．

難易度の表示と注釈のシステム

テクストの難易度は，*Passages* と同じく星の数で示しました（★が8篇，★★が8篇，★★★が3篇となっています）．たとえば2–1と7–1は，現代を代表する作家による短篇小説ですが，時制は基本的に現在形ですから，初級文法のなかばを過ぎれば，十分に読みこなせるはずです．第1章も，テクニカル・タームなどには注を付してありますから，心配にはおよびません．また2–2は17世紀の古典主義時代の文章ですから，★★が妥当なところかもしれませんが，アタックする価値は大いにあります．最後の2篇（7–2/7–3）には，意図して長めのテクストを選びました（難易度★★★）．外国語学習においては，本格物を読み終えたという達成感が，次のステップアップへの，貴重な一里塚となるからにほかなりません．

テクストの背景を解説した Contexte，語学的な注を主体とした Notes

（通し番号を付けてあります），キーワードなどの説明がなされる Lexique（本文に * を付し，行数で表示しました）という，注釈のシステムも，*Passages* を踏襲しています．ただし，Notes と Lexique を峻別するのは困難な場合もあり，両者をまとめて提示したテクストも存在します．あくまでも，およその区分にすぎません．

大学の語学教材を越えた存在として

冒頭にも述べましたが，本書は教養課程のいわゆる語学教材として編まれたものです．しかしながら，内容を実見していただければ明らかなごとく，かなり高度の知的要求にも十分に耐えうるようなものとして設計されています．ですから，大学の専門課程，あるいは各地のカルチャーセンターで，そしてまた，こうした教育制度の枠組みを越えて，一般の教養に資するテクストとして，*Passages* と同様に，知的好奇心を有する多くの方々の手に取っていただけることを祈っています．「いちばん反対のものどうしが，いちばんの友となる」ことの実現に向けて，この *Promenades* が少しでも寄与できればと，願わずにはいられません．

なお本書が，駒場の「教養教育開発機構」のサポートを得て誕生したものであることも，感謝の念とともに記しておきます．そして最後に．遅れがちな原稿にやきもきしながらも，編集者として，優しく伴走してくださった東京大学出版会の斉藤美潮さんと，テクスト全部に細かく目を通し，タイトル・組み合わせなどを考え，録音作業を主導してくれた同僚のパトリック・ドゥ・ヴォスに，とりわけ深く感謝しつつ．

2006 年夏　　宮下志朗

編者代表: 宮下志朗，パトリック・ドゥ・ヴォス
編集・執筆・校閲: 石井洋二郎，石田英敬，今橋映子，小林康夫，坂原茂，
　　　　　　　　　鈴木啓二，野崎歓，原和之，増田一夫，三浦篤，
　　　　　　　　　森山工，山田広昭，湯浅博雄

　＊　なお，CD のトラック対照表は 134 ページにあります．

Table des matières

Préface

1. Quelle planète pour demain? 1

   TEXTE 1   La croissance démographique*   (2)
   TEXTE 2   Les forêts*   (6)

2. Un peu, beaucoup, passionnément..., pas du tout 11

   TEXTE 1   Le café devant la gare de Cornavin*
             Roger Grenier   (12)
   TEXTE 2   De l'amour et de la vie* *La Rochefoucauld*   (18)
   TEXTE 3   Tous les garçons et les filles* *Françoise Hardy*   (22)

3. L'autre et son image 27

   TEXTE 1   Le portrait** *Henri Matisse*   (28)
   TEXTE 2   Le corps** *J.M.G. Le Clézio*   (34)
   TEXTE 3   L'image symétrique de nous-mêmes**
             Claude Lévi-Strauss   (42)

4. Le retour des troubadours 51

   TEXTE 1   Pauvre Martin* *Georges Brassens*   (52)
   TEXTE 2   Le déserteur** *Boris Vian*   (56)
   TEXTE 3   Le dernier repas** *Jacques Brel*   (62)

5. Société urbaine, société virtuelle 71

   TEXTE 1   Informer n'est pas communiquer**

Dominique Wolton (72)

TEXTE 2   Paris——est, ouest et dehors**
          Monique Pinçon-Charlot et Michel Pinçon (78)

6. Les mots en jeu, l'enjeu du poème 91

TEXTE 1   Paroles* *Jacques Prévert*   (92)
TEXTE 2   Le Dormeur du Val** *Arthur Rimbaud*   (98)
TEXTE 3   Les Chats*** *Charles Baudelaire*   (102)

7. Vu de loin, vu de près 107

TEXTE 1   L'analphabète* *Agota Kristof*   (108)
TEXTE 2   Le ramadan*** *Xavier Ternisien*   (114)
TEXTE 3   La tête à l'ombre*** *Albert Memmi*   (120)

Table des illustrations   (131)

目次

はしがき

1. 地球の明日は？ 1
TEXTE 1　人口増加* (2)
TEXTE 2　森林破壊* (6)

2. 少し，たくさん，熱烈に...全然 11
TEXTE 1　コルナヴァン駅前のカフェ*：ロジェ・グルニエ (12)
TEXTE 2　愛と人生について*：ラ・ロシュフーコー (18)
TEXTE 3　男の子も女の子も，みんな*：フランソワーズ・アルディ (22)

3. 他者とそのイメージ 27
TEXTE 1　肖像画**：アンリ・マティス (28)
TEXTE 2　身体**：J.M.G. ル・クレジオ (34)
TEXTE 3　われわれ自身の鏡像**：クロード・レヴィ＝ストロース (42)

4. 帰ってきた吟遊詩人たち 51
TEXTE 1　あわれなマルタン*：ジョルジュ・ブラッサンス (52)
TEXTE 2　脱走兵**：ボリス・ヴィアン (56)

TEXTE 3　最後の晩餐**：ジャック・ブレル　(62)

5. 都市という社会，ヴァーチャルな社会 71

TEXTE 1　情報はコミュニケーションではない**：
　　　　　ドミニック・ヴォルトン　(72)
TEXTE 2　パリ——東，西，そして外部**：
　　　　　モニック・パンソン゠シャルロ，ミシェル・パンソン　(78)

6. ことばを遊ぶ，詩に賭けられたもの 91

TEXTE 1　パロール*：ジャック・プレヴェール　(92)
TEXTE 2　谷間に眠る男**：アルチュール・ランボー　(98)
TEXTE 3　猫***：シャルル・ボードレール　(102)

7. 遠くから見ると，近くから見ると 107

TEXTE 1　文盲*：アゴタ・クリストフ　(108)
TEXTE 2　ラマダーン***：グザヴィエ・テルニジアン　(114)
TEXTE 3　日射しを避けて***：アルベール・メンミ　(120)

図版出典一覧　(131)

1
Quelle planète pour demain?

　わたしたちは現在，地球規模での取り組みを必要とするような，数多くの問題に直面しています．環境問題はその代表的な例ですが，その解決への具体的な取り組みにあたっては，この地球上に存在するさまざまな格差を考慮せざるをえません．たとえば環境汚染の問題に対する解決法を，その主たる原因とされるさまざまな経済活動の制限に求めるという選択肢は，十分考えられるわけですが，この制限を，すでに発展の恩恵に浴している先進諸国と，そうした発展を支えつつ，その恩恵からは遠ざけられてきた発展途上国に，ひとしなみに適用するべきかどうかという問題は残ります．また発展途上国が，経済発展に際して数多くの公害を生み出してきた先進国と同じ道を辿らないようにするためにも，地球環境を汚染し，いわば未来を犠牲にする形でなされる発展とは，別の発展のモデルを提示する必要があります．ここから「持続可能な開発　le développement durable」という考え方は生まれてきました．

　この章ではこうした観点から，「人口増加」および「森林」の問題をとりあげたテクストを読んでみることにしましょう．

TEXTE 1 ★ [CD 1 n° 2–3]
La croissance démographique

La population mondiale devrait augmenter de 50%[1] d'ici à 2050, passant de 6,1 milliards[2] d'habitants en 2001 à 9,3 milliards. On estime que 85% de la population vivront dans les pays en développement[3]. L'enjeu de relations plus équitables entre le Nord et le Sud prend avec ce chiffre toute sa dimension[4].

Cette croissance démographique a des impacts à la fois sur l'environnement et sur le développement. De nombreux pays pauvres, qui ont déjà le plus grand mal[5] à fournir aux habitants les biens[6] de base, verront leur population se multiplier dans les prochaines décennies. Maîtrise démographique va de pair avec[7] promotion du statut des femmes[8]. Veiller à ce que[9] les individus, hommes et femmes, puissent choisir librement le nombre de leurs enfants, contribue à diminuer le taux de fécondité.

Dans les pays industrialisés, à l'inverse, le taux de fécondité (1,6 enfant par femme) est inférieur au seuil de renouvellement de la population*. Celle-ci vieillit donc, posant le défi du financement des retraités par les "actifs"[10]; dans certains pays, elle diminuerait sans les mouvements migratoires[11].

Les migrations se sont développées sur la base d'intérêts réciproques: les travailleurs immigrés occupent en général des emplois que les populations occidentales ne veulent pas

Atlas mondial du développement durable, Éditions Autrement, 2002, p. 12–13.

TEXTE 1　LA CROISSANCE DÉMOGRAPHIQUE

[**Contexte**]

　世界の人口は長いあいだほぼ横ばいの状態を続けていましたが，18世紀ごろから徐々に増加をはじめ，特に19世紀以降は爆発的な増大をみることになりました．全体としての増加傾向は，ペースこそ鈍るものの今後も継続することが予測されていますが，その一方で，先進国と発展途上国とでは，人口の推移の型も，それにともなって生ずる問題も，大きく異なっていることが知られています．このテクストは，そうした人口問題における南北の格差を簡潔にまとめた上で，そこで生じている不均衡を是正するはずの，移民などによる人口移動が，さらに別の問題を生じさせていることを述べています．フランス語での，統計的な数字の提示の仕方などにも注意しながら読んで下さい．

[**Notes**]

1. **de 50%:** de は比較や変化における差異を表すことがある．Cf.: Je suis plus âgé que lui de deux ans.「私は彼より2歳年上だ」．% は pour cent と読む．
2. **6,1 milliards:** フランス語表記で，小数点は virgule (,) を用いる．この数字はつまり，「61億」ということ．
3. **les pays en développement:**「発展途上国」．les pays en voie de développement とも言う．「先進国」は，les pays développés．
4. **prendre toute sa dimension:** dimension はこの場合，ものごとの意義や規模といった意味で用いられている．
5. **avoir le plus grand mal à:** le mal はさまざまな意味で使われる名詞だが，ここでは，「苦労，骨折り」といった意味で用いられている．最上級はここでのように，必ずしも比較の意味合いをともなうことなく，量や程度のはなはだしさを強調するために使われることがある．
6. **les biens:**「財物」．副詞の bien「うまく，上手に」と混同しないこと．
7. **aller de pair avec:**「～と一緒に進む，相伴って進行する」．
8. **Maîtrise démographique ... avec promotion ...:** La maîtrise démographique ... avec la promotion ... と冠詞を付けるのが一般的である．
9. **veiller à ce que + 接続法:** ce que は，que がこの場合関係代名詞ではなく，ce と同格の名詞節を導く接続詞なので，「～するということ」という意味になる．全体としては「～するよう注意する」ということ．Cf. de manière à ce que + 接続法「～するように」．
10. **actifs:** 名詞として用いられる actif は複数形で，「労働力人口」を表す．
11. **diminuerait:** sans 以下の部分が仮定を表していると考える．「～がなければ，減少してしまうところだ」という意味．
12. **Cette mixité:** mixité はふつう「男女共学制」の意味で用いられるが，ここでは土着の人と移民の人の混在状態を表す．
13. **nombre d'immigrés:** (bon) nombre de で「多数の～」の意味．
14. **espérance de vie:**「余命，寿命」の意味．

1. QUELLE PLANÈTE POUR DEMAIN?

assumer; les migrants transfèrent leur épargne vers leur pays d'origine. Cette mixité[12] suppose la reconnaissance du phénomène migratoire, le respect et l'intégration des cultures.

Or, dans de nombreux pays, les politiques d'immigration très restrictives poussent nombre d'immigrés[13] à enfreindre la loi. Cette clandestinité est souvent synonyme de conditions inhumaines de travail, de trafic de faux papiers, d'exploitation, voire d'esclavage*...

Dans d'autres pays, les mouvements migratoires entraînent des réactions xénophobes ou racistes. Ainsi en Hongrie, l'espérance de vie[14] des Tsiganes* est de 10 à 15% moindre que celle du reste de la population.

On sait que ces mouvements de populations vont se renforcer sur tous les continents. Cette évolution doit être assumée par les gouvernements, avec le souci de la préservation de la dignité humaine.

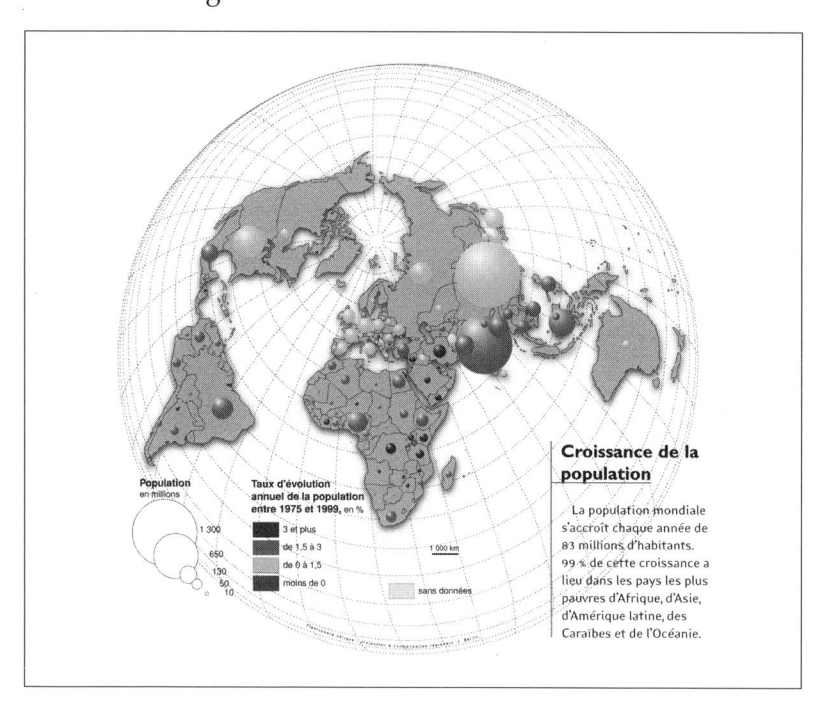

Croissance de la population

La population mondiale s'accroît chaque année de 83 millions d'habitants. 99 % de cette croissance a lieu dans les pays les plus pauvres d'Afrique, d'Asie, d'Amérique latine, des Caraïbes et de l'Océanie.

TEXTE 1 LA CROISSANCE DÉMOGRAPHIQUE

[**Lexique**]

[18] **le seuil de renouvellement de la population:** 一人の女性が一生のうちに生む子供の数の平均を示した数字を「合計特殊出生率」（英語では Total Fertility Rate = TFR）と呼ぶ．理論的にはこれが 2 であれば人口は維持されることになるが，実際には男女の比率は男性がやや多いこと，また出産可能年齢以下で死亡する女性があることから，人口が維持されるためには TFR が 2.08 程度となることが必要とされる．

[31] **esclavage:** 奴隷制 l'esclavage はすでに廃止された過去のものと考えられがちだが，実際には出入国に必要なパスポートなどの書類を取り上げ自由を拘束して低賃金で強制的に働かせる事例はいわゆる先進国でも数多く見られる．これは l'esclavage moderne の名で呼ばれている．

[34] **Les Tsiganes:** Les Tziganes とも綴り，いわゆる「ジプシー」と呼ばれる，インド起源の漂泊民族を指す．ヨーロッパではしばしば迫害の対象になった．gitan(e) と呼ばれることもあるが，これは彼らの起源をエジプトとする誤解から成立した呼称（< égyptien(ne) エジプト人）で，現在では「Les Roms ロマ族」（Roma, Rrom, Rroma などと綴られることもある）という言い方が一般的になってきている．

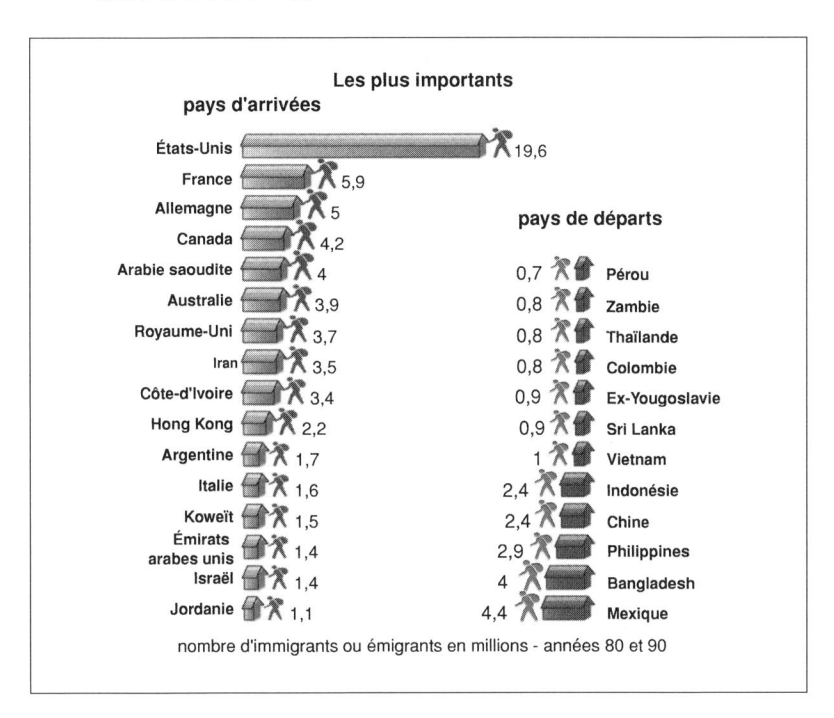

Les plus importants pays d'arrivées

Pays	Nombre (millions)
États-Unis	19,6
France	5,9
Allemagne	5
Canada	4,2
Arabie saoudite	4
Australie	3,9
Royaume-Uni	3,7
Iran	3,5
Côte-d'Ivoire	3,4
Hong Kong	2,2
Argentine	1,7
Italie	1,6
Koweït	1,5
Émirats arabes unis	1,4
Israël	1,4
Jordanie	1,1

pays de départs

Nombre (millions)	Pays
0,7	Pérou
0,8	Zambie
0,8	Thaïlande
0,8	Colombie
0,9	Ex-Yougoslavie
0,9	Sri Lanka
1	Vietnam
2,4	Indonésie
2,4	Chine
2,9	Philippines
4	Bangladesh
4,4	Mexique

nombre d'immigrants ou émigrants en millions - années 80 et 90

TEXTE 2 ★ [CD 1 n° 4-5]
Les forêts

Les forêts couvrent environ 3 870[1] millions d'hectares, soit 30% de la superficie terrestre de la planète. Elles sont vitales. Elles abritent en effet une grande partie de la diversité biologique et contribuent à stocker les émissions de CO_2. [1]

Or, depuis les années quatre-vingt-dix, on estime à environ 9,4 millions d'hectares la perte annuelle de surface forestière, ce qui soulève des inquiétudes croissantes de la part des climatologues, des biologistes et des ONG* d'environnement. [5]

En 1998, le phénomène El Niño* provoque une sécheresse intense et des incendies catastrophiques, sur les plans humain, écologique, économique: Amérique centrale, Amérique latine, Asie du Sud-Est[2] sont durement touchées. En 1999, de violentes tempêtes déracinent des milliers d'arbres en Europe. En l'an 2000, 200 millions d'hectares s'embrasent en Afrique australe[3]. [10]

Les hommes ont, bien sûr, une lourde responsabilité: on pratique l'abattage des forêts depuis des milliers d'années, pour l'agriculture, pour l'exploitation du bois et pour le bois de feu[4], seule ressource énergétique dans de nombreux pays. Dans les pays tempérés, cette déforestation s'est ralentie au XXe siècle, avec la diversification des combustibles et des matériaux de construction. Une augmentation de la surface boisée est même observée (nouvelles plantations), souvent au détriment de[5] la variété des espèces. [15] [20]

Atlas mondial du développement durable, Éditions Autrement, 2002, p. 40–41.

TEXTE 2　LES FORÊTS

[**Contexte**]
　我々が今日フランスを旅するときに目にする，どこまでも農地の続く風景からはなかなか想像し難いことですが，かつてヨーロッパは，その全体が深い森で覆われていました．しかしギリシア・ローマに文明が誕生した時期を境に，この森の蚕食の過程が始まります．住む場所と農地を確保するため，森を切り拓く必要に迫られた人々にとって，鬱蒼と生い茂った原生林は，人間の耕作＝文化（culture）の及ばない文明世界の外部として，時に畏怖の対象となってきました．フランス語で「野蛮」や「未開」を意味する sauvage が，そもそもラテン語の「森 silva」に由来しているという事実は，そのことを何よりも雄弁に物語っています．森林の開墾は中世に至るまで少しずつ進んでゆくわけですが，フランスではおよそ 11 世紀から 13 世紀の時期に，いわゆる「大開墾の時期」（マルク・ブロック）が到来します．当時の人口増加がより一層の食糧生産を要求したことに加えて，勃興しつつあった都市では大量の木材が必要とされたため，多くの森がこの時期に伐採されて姿を消すことになりました．こうしてヨーロッパの文明化の過程は，そのまま森の征服の過程であったと言うことができるでしょう．
　さて，文明化にともなう森林破壊は，今日ではもはやヨーロッパ世界に限らない，全地球的な問題として認識されています．以下のテクストの中では，森林が，環境の変化による気候変動と，農業や木材資源のために行われる大規模な伐採によって世界的に減少してきた経緯が述べられた上で，最近の変化や森林保全のための新しい取り組みが紹介されています．

[**Notes**]
1.　**3 870:** フランス語での数字の位取りは，このようにブランク，あるいは point(.) で表す．
2.　**Amérique centrale, Amérique latine, Asie du Sud-Est:** 列挙で冠詞が省略される場合である．
3.　**austral:**「南の，南半球の」という意味の形容詞．Cf. boréal「北の，北半球の」．
4.　**bois de feu:**「燃料用材」．Cf. bois de construction「建築用材」．
5.　**au détriment de:**「〜に不利に，〜を犠牲にして」．
6.　**à haute valeur commerciale:** この場合の à は，価値や値段を表す表現．Cf.: Donnez-moi deux timbres à un euro.「1 ユーロの切手を 2 枚下さい」．

[**Lexique**]
[8]　**ONG:** Organisation Non Gouvernementale「非政府組織」の略で，つまり NGO のこと．こうした略称は，英語から作られたものとしばしば異なるので注意を要する．Cf. ONU「国際連合 Organisation des Nations Unies」，OTAN「北大西洋条約機構 Organisation du Traité de l'Atlantique Nord」，OMS「世界保健機関 Organisation Mondiale de la Santé」など．
[9]　**le phénomène El Niño:**「エルニーニョ現象」．南アメリカのペルー，エクア

7

1. QUELLE PLANÈTE POUR DEMAIN?

Dans les forêts tropicales et subtropicales, la déforestation est liée en premier lieu à la surexploitation forestière des bois tropicaux à haute valeur commerciale[6] par les entreprises forestières, et aux coupes illégales. Enfin, les populations rurales les plus pauvres défrichent des terres — même peu productives — pour survivre.

Pour enrayer cette dégradation, ONG et États mettent en place des labels de certification qui garantissent la gestion durable des forêts. Cette démarche encore très marginale — seuls 2% des forêts sont aujourd'hui protégés par ces labels — est un gage de prise de conscience salutaire.

Parallèlement, au Brésil, en Mongolie, en Namibie, des programmes de gestion forestière engagent les villageois à maîtriser leurs pratiques de brûlis* tout en renforçant la prévention des incendies. Enfin, le commerce international du bois mériterait un cadre réglementaire plus strict.

南フランスに広がる森

TEXTE 2　LES FORÊTS

ドル沖の太平洋上で，海面の水温が数年に一度大きく上昇する現象．大規模な気候変動と密接に結びついていることが知られている．
［37］　**brûlis:**「焼畑，焼畑造成」．Cf. culture sur brûlis「焼畑農業」．

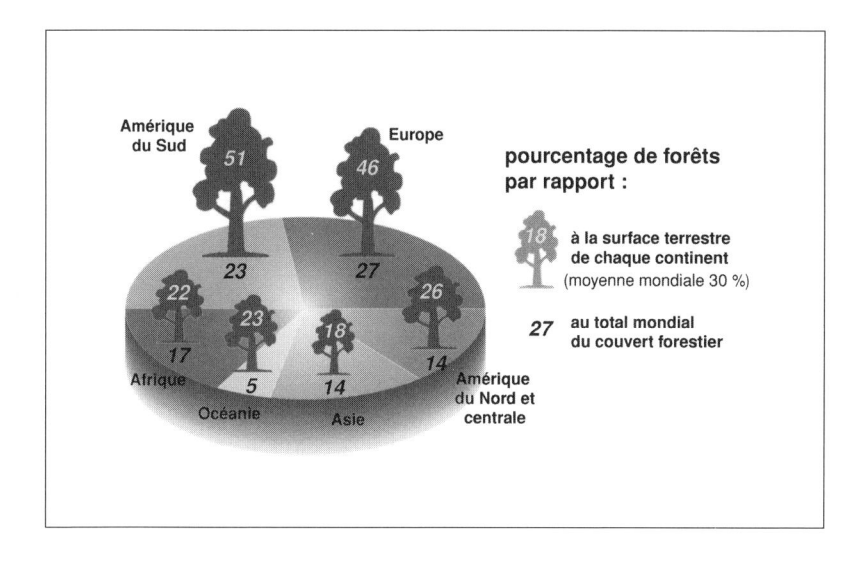

pourcentage de forêts par rapport :

18　à la surface terrestre de chaque continent (moyenne mondiale 30 %)

27　au total mondial du couvert forestier

Amérique du Sud　51／23
Europe　46／27
Afrique　22／17
Océanie　23／5
Asie　18／14
Amérique du Nord et centrale　26／14

2
Un peu, beaucoup, passionnément ... pas du tout

　「少し，たくさん，熱烈に，全然」——これは，フランスの恋占いで使われる表現です．野原で花を摘んだ女の子が，その花びらを1枚1枚むしりながら，「彼はわたしを，少しだけ好き」，「とっても好き」，「大好き」，「全然気がないんだわ」などと，自分の淡い恋を占うのです．花びらの最後の1枚が「熱烈に」の順番なら，その恋は最高ということになります．残念ながら，映画のなかでしか，こうしたシーンにお目にかかったことはありませんが，いまでもあちこちで，こうした情景がくりひろげられているにちがいありません．

　といった次第で，第2章のテーマは「恋愛」です．これは，男女を問わず，そして，おそらくは年齢を問うことなく，だれにでも，いつ襲いかかるかもしれない病気であります．この熱病にとりつかれると，人はすべてを忘れ，ときには社会的地位を投げ出してまで，これにのめりこんでいきます．王位を棒にふってまで，恋に生きた男性がいたことも，わたしたちは知っています．それは，おそろしい病気なのでありますが，逆にいえば，この病気にかかったことのない人間ほど，不幸な人間もいないと思います．

　ところが，こうした激しい愛も，一瞬のうちに憎しみに変じます．「女を愛せば愛すほど，彼女を憎むのと近くなる」と，ラ・ロシュフーコーが『箴言集』で述べたとおりです．本章のメインディッシュには，この17世紀のモラリストのエッセーを置きましたので，じっくりと味わってください．そしてオードブルに，現代屈指の短篇の名手グルニエによる，男女のつかの間の出会いと別れのお話を選びました．どこにでもころがっていそうな，人生のワンシーンです．そしてデザートは軽めに，フレンチポップスの妖精フランソワーズ・アルディの曲を．

TEXTE 1 ★ [CD 1 n° 6–7]
Le café devant la gare de Cornavin

Roger Grenier

Un café, l'après-midi, à Genève, en face de la gare de Cornavin*. La salle est à peu près déserte. Un homme et une femme se sont pourtant installés à deux tables qui se touchent presque, comme s'ils avaient[1] peur du vide. Ils sont assis sur la même banquette. L'un et l'autre ont dans la trentaine[2]. L'homme est brun, avec une tête d'employé de bureau[3]. La femme est plutôt insignifiante[4]: cheveux châtains frisottés[5], maigrichonne[6]. Elle n'a pas enlevé son imperméable et l'a seulement entrouvert sur une robe verte à parements[7] rouges. Elle boit du thé. Lui vient de finir une bière.

On a beau être[8] en Suisse, l'homme semble ne pas avoir de montre, car il demande à sa voisine:

« Pardon, Madame. Vous avez l'heure?

— Cinq heures moins dix. Vous n'avez pas vu la pendule, au-dessus de la caisse?

— Oh! excusez-moi. Je suis distrait de nature[9]. »

Il soupire:

« Encore une heure, avant mon train.

— Vous n'êtes pas de Genève?

— Si, mais je dois aller à La Chaux-de-Fonds.* »

Il ajoute:

« Pour affaires. »

Elle répond par un « ah » qui exprime à la fois la satisfaction

Roger Grenier, *Une nouvelle pour vous*, Gallimard, 2003, p. 127–129.

TEXTE 1　LE CAFÉ DEVANT LA GARE DE CORNAVIN

[**Contexte**]

　ロジェ・グルニエは 1919 年生まれの作家で，フランスの文学界の大御所ともいえる存在です．ピレネー山麓のポー Pau で青春時代をすごし，第二次大戦末期のパリで，『異邦人』の作者アルベール・カミュが編集長をつとめる《コンバ紙》の記者として活動して以来，ジャーナリズムの世界を渡り歩き，名門ガリマール書店の編集顧問もつとめています．作家としての代表作は，「フェミナ賞」に輝いた長編『シネロマン』Ciné-Roman (1972) でしょうか．ちなみにロマン・ロラン『ジャン・クリストフ』，サン＝テグジュペリ『夜間飛行』といった傑作が，この「フェミナ賞」を受賞しています．

　チェーホフを偏愛するグルニエは，数多くの短篇でも，その名人芸を遺憾なく発揮しています．そこでは，人生の機微や悲哀といったものが，まことにたくみに描き出されています．また，帰りこぬ青春の追憶を淡々と描いた作品群も忘れがたいものです．『シネロマン』（白水社），珠玉の短篇集『フラゴナールの婚約者』（みすず書房）など，翻訳もたくさん出ていますから，ぜひ読んでみて下さい．

　本編は，最近の短篇集に収録された掌編ですが，男と女の，つかの間の出会いと別れとが，スナップショットとしてみごとに定着されていると思います．

[**Notes**]

1. **comme si + 半過去:**「まるで～のように」．Cf.〈as if + 仮定法過去〉．
2. **L'un et l'autre ont dans la trentaine:**「男女とも，30 歳前後である」(= Ils ont dans les 30 ans).〈dans les + 名詞複数形〉は，およその範囲を示す．Ex.: Il pèse dans les 80 kilos.「彼は体重 80 キロ前後だ」/ C'était dans les midi.「昼ごろのことだった」．ここでは，それを，la trentaine「約 30 歳」と単数形の表現にずらしている．
3. **employé de bureau:**「会社員，オフィス勤めの人間」．
4. **insignifiant:**「平凡な，目立たない」．
5. **frisotté:**「軽くカールした」．
6. **maigrichon:**「やせぎすの，やせっぽちの」(← maigre)．-on は「縮小辞」で，-ichon も，その派生形．Cf. corne「角(状のもの)」→ cornichon「小さな角；ピクルス」．
7. **parement:**「(袖・襟などの)折り返し」．前置詞の à は，「付属・付帯・特徴」を示す．Ex. instrument à cordes「弦楽器」/ pain aux raisins「レーズンパン」/ chambre à deux lits「ツインルーム」．
8. **avoir beau + 不定法:**「いくら～してもむだだ，～ではあるけれど」．Ex.: Cette pièce a beau être grande, tous les meubles ne rentrent pas.（『白水社ラルース仏和辞典』）
9. **de nature:**「性格的に，生まれつき」．
10. **suffisamment:** 形容詞は suffisant である．Ex. évident → évidemment / différent → différemment / vaillant → vaillamment
11. **Vous n'attendez pas un train:**「列車を待っているのではないのですか？」

2. UN PEU, BEAUCOUP, PASSIONNÉMENT... PAS DU TOUT

d'en savoir un peu plus sur son voisin, et l'admiration pour quelqu'un qui est dans les affaires.

« Vous voyagez beaucoup?
— Suffisamment[10].
— Je suis de Genève, moi aussi.
— Vous n'attendez pas un train[11]?
— Non. En sortant du travail, j'étais fatiguée et j'ai eu envie de boire un thé.
— Toute seule?
— Oui. J'aime la solitude.
— Moi aussi, j'aime la solitude. »

L'éloge de la solitude dure quelques minutes. Excellent thème pour deux esseulés[12] qui cherchent justement à entrer en relation avec un semblable.

« Vous travaillez dans le quartier?
— Non.
— Alors, vous y habitez?
— C'est presque sur mon chemin[13]. Mais je ne peux pas dire que j'y habite. Simplement, j'aime bien cette place de la gare. C'est vivant, avec tous ces voyageurs qui partent et qui arrivent. »

Malgré cette affirmation, la salle du café est toujours aussi déserte.

« Vous avez raison. On est bien, ici.
— C'est curieux, aujourd'hui, il n'y a pas grand monde[14].
— C'est plus intime.
— Intime, oui, vous avez trouvé le mot juste. »

Inutile de rapporter le reste de la conversation qui se poursuit jusqu'à l'heure du train de l'homme.

« Je vais être obligé de[15] vous dire au revoir.
— Oui, c'est l'heure pour vous.
— Je voudrais vous demander quelque chose.
— Oui. Volontiers.
— Est-ce que je pourrai vous téléphoner? Vous voulez bien me donner votre numéro de téléphone?
— C'est que[16] je n'ai pas le téléphone.
— Quel malheur!

TEXTE 1　LE CAFÉ DEVANT LA GARE DE CORNAVIN

「列車を待つ」という肯定形の方に力点があるので，否定の冠詞 de とはなっていない．Cf.［肯定を表す修辞的否定疑問文］Tu n'as pas un objet d'inquiétude quelconque?「何か心配事があるんじゃないの．」（朝倉季雄『新フランス文法事典』白水社）

12. **esseulé:**「ひとりぼっちの人，孤独な人間」．
13. **sur son chemin:**「通り道に」．
14. **il n'y a pas grand monde:** il y a, il est などの非人称構文では，とりわけ否定文で無冠詞となることがある．Ex.: Il n'y a pas grand mal à cela. / Dans la petite chapelle, il n'y avait, ce matin-là, pas grand monde. （朝倉季雄『新フランス文法事典』）
15. **être obligé de + 不定法:**「〜せざるをえない」．
16. **C'est que:**「それがその，つまり」．
17. **sac de voyage:**「旅行カバン，ボストンバッグ」．「用途・種類」の de である．Ex. salle de séjour / homme d'affaires / pomme de terre.

[**Lexique**]

［2］　**gare de Cornavin:** 口絵 2 を参照．スイス国鉄の駅．パリ発の TGV だけではなくて，フランス国鉄のローカル線も，ここまで乗り入れているから，一瞬，ここはフランスかと錯覚しそうになる．

［20］　**La Chaux-de-Fonds:** ヌーシャテル Neuchâtel 州の町で，時計産業の中心地である．ジュネーヴからは，北東に 100 キロ余り．

スイスの言語状況

　小国スイスは，23 の州 canton からなる連邦国家ですが，スイス語なるものは存在せず，ドイツ語，フランス語，イタリア語，それにレト・ロマン語という 4 つの言語を「国家語」として定めています．なお，スイスやドイツ西南部で話されるドイツ語のことを，「アレマン語」l'alémanique と呼んだりもします．最後のレト・ロマン語は，スイス南東部のグラウビュンデン州のごく狭い地域で使われている，話者約 2 万人ともいわれる少数言語です．これまではドイツ語，フランス語，イタリア語という 3 言語が「公用語」とされていましたが，1996 年の国民投票で，この少数言語レト・ロマン語も「公用語」として認められました．

　この短篇の舞台となったジュネーヴのように，スイス西部では，フランス語が話されています．言語は文化と深く関連していますから，言語（文化）圏の対立が，紛争を引き起こす例が，世界中に見られるわけですが，スイスではまずそうしたことはありません．とはいっても，たとえば EU（ヨーロッパ連合）への加盟の賛否をめぐる国民投票では，フランス語圏では優に過半数の人々が賛成票を投じる一方で，ドイツ語圏では反対票が多いといった温度差も，確実に存在しています．

2. UN PEU, BEAUCOUP, PASSIONNÉMENT... PAS DU TOUT

— Mais, si vous me donnez votre numéro à vous, moi je vous téléphonerai.
— Moi non plus, je n'ai pas le téléphone.
— Alors...
— Oui, Alors... [65]
— C'est dommage.
— Oui, c'est dommage. »

Il se lève, serre la main de la jeune femme, répète: « C'est dommage. » Il ramasse son sac de voyage[17], sort du café et traverse la place pour rejoindre la gare. [70]

Elle est restée assise. Elle rêve. Le thé est froid.

TEXTE 1　LE CAFÉ DEVANT LA GARE DE CORNAVIN

ロジェ・グルニエ

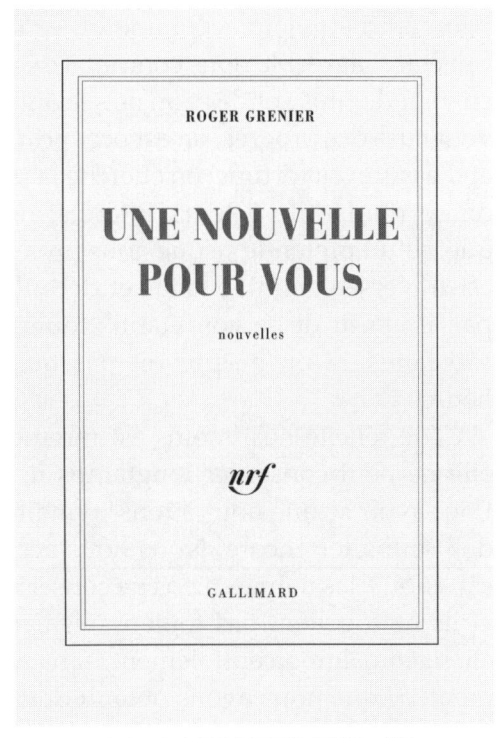

このテクストを収めた短編集の表紙．ガリマール書店の定番「白いシリーズ」．

TEXTE 2 ★ [CD 1 n° 8–9]
De l'amour et de la vie

La Rochefoucauld

L'amour est une image de notre vie: l'un et l'autre sont sujets aux[1] mêmes révolutions[2] et aux mêmes changements. Leur jeunesse est pleine de joie et d'espérance: on se trouve heureux d'être jeune, comme on se trouve heureux d'aimer. Cet état si agréable nous conduit à désirer d'autres biens, et on en veut de plus solides[3]; on ne se contente pas de subsister, on veut faire des progrès, on est occupé des moyens de s'avancer[4] et d'assurer sa fortune; on cherche la protection des ministres[5], on se rend utile à leurs intérêts; on ne peut souffrir que quelqu'un prétende ce que nous prétendons[6]. Cette émulation est traversée de mille soins et de mille peines, qui s'effacent par le plaisir de se voir établi[7]: toutes les passions sont alors satisfaites, et on ne prévoit pas qu'on puisse cesser d'être heureux[8].

Cette félicité néanmoins est rarement de longue durée[9], et elle ne peut conserver longtemps la grâce de la nouveauté. Pour avoir ce que nous avons souhaité[10], nous ne laissons pas de[11] souhaiter encore. Nous nous accoutumons à tout ce qui est à nous; les mêmes biens ne conservent pas leur même prix, et ils ne touchent pas toujours également notre goût[12]; nous changeons imperceptiblement, sans remarquer notre changement; ce que nous avons obtenu devient une partie de nous-mêmes: nous serions cruellement touchés de le perdre, mais

La Rochefoucauld, *Maximes et réflexions diverses*, GF Flammarion, 1977, p. 120–121.

TEXTE 2　DE L'AMOUR ET DE LA VIE

[**Contexte**]
　16世紀から18世紀あたりにかけて，人間のふるまいや，世の中の風俗・習慣などを鋭く観察・批評して，その背後に人間存在の本質を読みとるところの一連の文学作品が出現しました．エッセイ・断章・箴言など，さまざまな形式によって，こうした文章を書いた人々を「モラリスト」と呼びます（「道徳家」の意味ではありません）．Montaigne (1533–92), Pascal (1623–62), La Rochefoucauld (1613–80), La Bruyère (1645–96) などがいます．ここでは La Rochefoucauld の『さまざまな考察』*Réflexions diverses*（生前は未刊行）から，恋愛を論じた一編を選んでみました．恋愛の進行を，人生の歩みと重ね合わせ，愛のうちにも「老化」を読みとるという，作者ならではの辛辣な眼差しが感じられます．若い読者はどう思われるでしょうか？
　300年以上も前の文章とはいえ，辞書を丹念に引きながら読み進めば，かならず読み通せるはずです．単語の意味が（微妙に）異なる場合もありますが，現代フランス語をしっかりと習得すれば，17世紀のテクストもなんとか読めることを，ぜひ実感してください．

[**Notes et Lexique**]
1. **être sujet à:**「～を免れない，～に従う」．
2. **révolution:**「（大きな）変化，変転」．
3. **on en veut de plus solides:** en = d'autres biens である．〈中性代名詞 en・数量表現〉の後では，de を介さなくてはいけない．Ex.: Tes chemises sont très abîmées. Je t'en achèterai de neuves. / J'ai trois jours de libres.
4. **s'avancer:**「昇進する，出世する；前進する，進展する」．
5. **ministres:** いわゆる ministres d'Etat, すなわち大臣や大使のことが念頭にあると思われる．
6. **souffrir que + 接続法:**「～に耐える，～を許す」．また on ne peut souffrir que = on ne peut pas souffrir que であることに注意（pouvoir を使った否定文では，pas が省略されることがある）．prétendre は，「（地位・権利などを）要求する，狙う」．
7. **établi:**「安定した地位についた」．
8. **on ne prévoit pas qu'on puisse cesser ... :** 主節が croire / penser / voir などを用いた，「認知・判断」に関わる表現が否定文となると，このように接続法をとることが多い．Ex.: Je ne crois pas que tu aies raison.
9. **est rarement de longue durée:**「性質・特徴」の de である．Ex.: De quelle couleur est ta voiture?
10. **Pour avoir ce que nous avons souhaité:**「望みのものを手にしたにもかかわらず」．pour は「目的」ではなく，「譲歩」あるいは「原因」を表す．Ex.: Pour avoir supporté tant de misère, elle est encore bien vaillante.
11. **ne pas laisser de + 不定法:**「～するのをやめない，それでもやはり～する」．Ex.: Quelque sujet que j'aie de me plaindre de vous du secret que vous m'avez fait, je ne veux pas laisser de servir votre amour. (Molière, *L'amour médecin*, I.

2. UN PEU, BEAUCOUP, PASSIONNÉMENT... PAS DU TOUT

nous ne sommes plus sensibles au plaisir de le conserver; la joie n'est plus vive, on en cherche ailleurs que[13] dans ce qu'on a tant désiré.

Cette inconstance involontaire est un effet du temps, qui prend, malgré nous, sur[14] l'amour, comme sur notre vie; il en[15] efface insensiblement chaque jour un certain air de jeunesse et de gaieté, et en détruit les plus véritables charmes; on prend des manières plus sérieuses, on joint des affaires à la passion; l'amour ne subsiste plus par lui-même, et il emprunte des secours étrangers. Cet état de l'amour représente le penchant[16] de l'âge, où on commence à voir par où on doit finir; mais on n'a pas la force de finir volontairement, et dans le déclin de l'amour, comme dans le déclin de la vie, personne ne peut se résoudre de prévenir[17] les dégoûts qui restent à éprouver[18]; on vit encore pour les maux, mais on ne vit plus pour les plaisirs. La jalousie, la méfiance, la crainte de lasser, la crainte d'être quitté, sont des peines attachées à la vieillesse de l'amour, comme les maladies sont attachées à la trop longue durée de la vie: on ne sent plus qu'on est vivant que parce qu'on sent qu'on est malade[19], et on ne sent aussi qu'on est amoureux que par sentir toutes les peines de l'amour. On ne sort de l'assoupissement[20] des trop longs attachements que par le dépit et le chagrin[21] de se voir toujours attaché; enfin, de[22] toutes les décrépitudes, celle de l'amour est la plus insupportable.

TEXTE 2　DE L'AMOUR ET DE LA VIE

　　　4)「あなたがわたしに秘密にしていたことには，不満はなくはないのですが，でも，やはり，あなたの恋のお役には立ちましょう」．
12. **ils ne touchent pas ... notre goût:** toucher = atteindre, affecter; charmer. également = d'une manière égale, au même degré.
13. **ailleurs que:**「～以外のところに」．その前の en = de la joie である．
14. **prendre sur:**「～を削る，すり減らす」．
15. **il en efface:** en は「人生や愛の」．
16. **penchant:**「下り坂」．作者は次のような「箴言」も残している(222番)．Il n'y a guère de personnes qui dans le premier penchant de l'âge ne fassent connaître par où leur corps et leur esprit doivent défaillir.「人生の下り坂にさしかかると，肉体と精神のおとろえが，どこから始まるのかを悟らせないような人間は，まずいない」．
17. **prévenir:**「先手を打つ，未然に防ぐ」．Cf.: Mieux vaut prévenir que guérir.「転ばぬ先の杖」．
18. **les dégoûts qui restent à éprouver:**「その後も味わうことになる嫌悪感」．
19. **on ne sent plus A que parce qu'on sent B:**「もはや，Bを感じるから，Aだと感じるにすぎないのだ」．
20. **assoupissement:**「無気力状態，惰性」．
21. **le dépit et le chagrin:** やや古い意味で，「いまいましさといらだち」．なお，この文は，「人はいつまでたっても，惰性で恋にしがみついていて，そうした自己に対する腹立ちでもなければ，この状況から抜け出せないのだ」といったニュアンスだろうか．
22. **de:**「～のうちで」．

TEXTE 3 ★ [CD 1 n° 10]
Tous les garçons et les filles

Françoise Hardy

Tous les garçons et les filles de mon âge [1]
Se promènent dans la rue deux par deux[1]
Tous les garçons et les filles de mon âge
Savent bien ce que c'est qu'être heureux[2]
Et les yeux dans les yeux[3] [5]
Et la main dans la main
Ils s'en vont, amoureux
Sans peur du lendemain

Oui, mais moi, je vais seule
Par les rues, l'âme en peine[4] [10]
Oui, mais moi, je vais seule
Car personne ne m'aime

Mes jours comme mes nuits
Sont en tout point[5] pareils
Sans joie et pleins d'ennui [15]
Personne ne murmure "Je t'aime" à mon oreille

Tous les garçons et les filles de mon âge
Font ensemble des projets d'avenir
Tous les garçons et les filles de mon âge
Savent très bien ce qu'aimer veut dire [20]

JASRAC 出 0610574–601, 0610576–601

TEXTE 3　TOUS LES GARÇONS ET LES FILLES

[**Contexte**]

　1960年代以降のフランスのポップス・シーンを代表する女性歌手の一人フランソワーズ・アルディのデビュー曲で，作詞・作曲を彼女自身がこなしています．この曲は200万枚ともいわれる大ヒットとなり，当時18歳の若者だったアルディをあっという間にトップ・アイドルに押し上げることになりました(1962年)．

　歌詞は他愛もないといえばたしかにそのとおりなのですが，次々と問題作を発表して注目を浴びている現代フランスの作家ミシェル・ウエルベックは『素粒子』(1998)という小説のなかで，第二次大戦後のフランス社会の変化に言及しながら，50年代後半から60年代初頭にかけてを「恋愛感情の黄金時代」l'âge d'or du sentiment amoureux と呼び，その当時の雰囲気を思いださせてくれるものとして60年代のフランソワーズ・アルディの歌をあげています．その頃の若者の関心はといえば，全員一致で，一刻も早く「恋に落ちる」ことだったというのです．強制恋愛の時代とでもいえるでしょうか．はたして今の日本の若者も同じかどうかはみなさんの方がよくご存知でしょう．

　歌詞を読むときには，脚韻 rimes の用いられ方や，脚韻とともにフランス語の詩句を支える原理である音節数(シラブルの数)にも注意を払ってみて下さい．冒頭の4行は10音節，それに続く伸びやかな部分は6音節の連続，これらを交互に用いつつ，最後の押さえとして，フランス古典詩を代表する詩形である1行12音節からなるアレクサンドランが現れます．

　とはいえ，歌詞は読まれるものではなく，歌われるものですから，何はともあれ，アルディの歌声を楽しんでもらうのが先ですね．

[**Notes**]

1. **deux par deux:**「2人ずつ」．par は「配分」を示し，「～ずつ，～ごと」．
2. **ce que c'est qu'être heureux:** 疑問詞 que (qu'est-ce que) は，間接疑問文で ce que となる．
3. **les yeux dans les yeux:**「見つめ合って」．次の la main dans la main「手に手を取って」も同じような用法で，前置詞を伴うことなく「様態」を表す．
4. **l'âme en peine:** comme une âme en peine「打ち沈んで；ひとり悲しく」という成句をふまえた表現．
5. **en tout point:**「あらゆる点で」．

2. UN PEU, BEAUCOUP, PASSIONNÉMENT... PAS DU TOUT

Et les yeux dans les yeux
Et la main dans la main
Ils s'en vont, amoureux
Sans peur du lendemain

Oui, mais moi, je vais seule [25]
Par les rues, l'âme en peine
Oui, mais moi, je vais seule
Car personne ne m'aime.

Mes jours comme mes nuits
Sont en tout point pareils [30]
Sans joie et pleins d'ennui
Oh! quand donc pour moi brillera le soleil

Comme les garçons et les filles de mon âge
Connaîtrai-je bientôt ce qu'est l'amour
Comme les garçons et les filles de mon âge [35]
Je me demande quand viendra le jour
Où les yeux dans ses yeux
Et la main dans sa main
J'aurai le cœur heureux
Sans peur du lendemain [40]
Le jour où je n'aurai plus du tout l'âme en peine
Le jour où, moi aussi, j'aurai quelqu'un qui m'aime

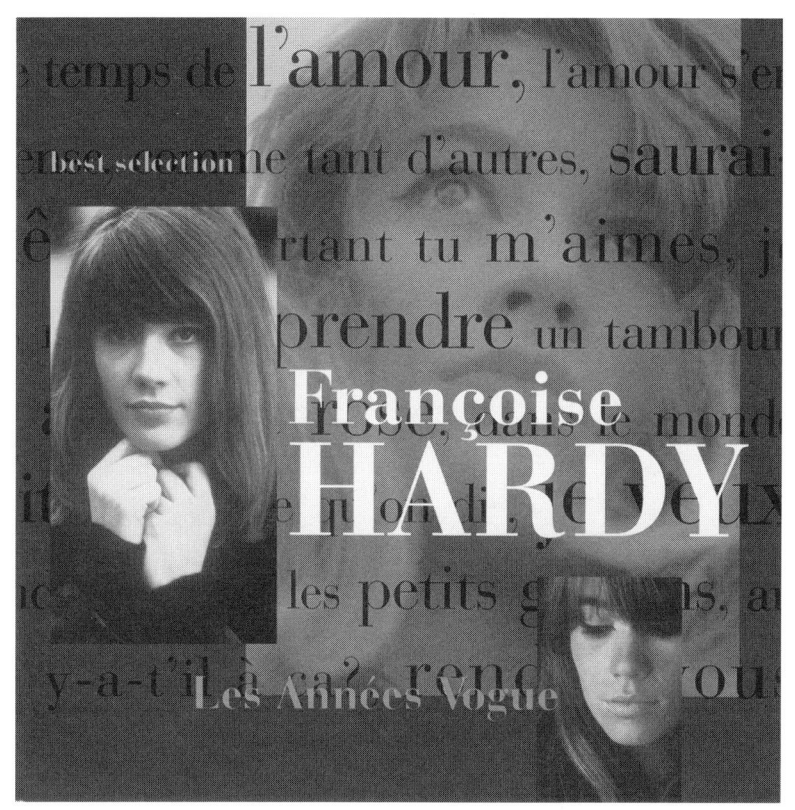

TEXTE 3   TOUS LES GARÇONS ET LES FILLES

「フランソワーズ・アルディ・ベストセレクション」アルバムジャケット

3
L'autre et son image

　人間が自己を，一人の人間存在としてアイデンティファイ（同定）するには，「他者」という鏡が欠かせません．それはまず，自分の身体が，他者の身体とは異なるのだという決定的な体験から始まるのではないでしょうか．フランスの哲学者メルロ゠ポンティが「癒合的な身体」と命名したように，乳児においては，自分と他人の身体とは連続したものなのです．しかし悲しいかな，連続体であるはずの母親とは，同時に最初の他者なのでもあります．

　本章では，こうした自己と他者との関わりにまつわる思考を主題系として，著名な画家，作家，思想家による，3つのエッセーを並べてみました．肖像画，自己という身体の出現，異文化が問題となっています．最後のエッセーで，レヴィ゠ストロースが強調するように，「還元不可能な」他者の発見こそが，自己認識の不可欠な前提となるのです．したがって，他者を圧殺することは，自己という存在をないがしろにすることにほかなりません．異なる言語的・文化的な身体をまとった多数の人々が，世界のあちこちで生きていて，おたがいの友愛をはぐくむどころか，殺しあいをしているという現状．他者への寛容に根ざした「共生」の世界は，いつ訪れるのでしょうか．そういえば「共生（コンヴィヴィアリティ）」ということばの語源は，ラテン語のconvivaで，宴会に招かれた客人たちを意味します．この宴会には，異なる思想の持ち主も歓待されて，活発な議論が交わされますが，平和でリラックスした雰囲気が壊されることはありませんでした．古代ギリシアの「饗宴」とは，おそらくこうしたものだったのでしょう．世界が，ふたたび「饗宴」を取り戻すことを祈りつつ．

TEXTE 1 ★★ [CD 1 n° 11–12]
Le portrait

Henri Matisse

Le visage humain m'a toujours beaucoup intéressé. J'ai même [1] une assez remarquable mémoire pour les visages, même pour ceux que je n'ai vus qu'une seule fois. En les regardant, je ne fais aucune psychologie[1] mais je suis frappé par leur expression souvent particulière et profonde. Je n'ai pas besoin de [5] formuler avec des mots l'intérêt qu'ils suscitent en moi; ils me retiennent probablement par leur particularité expressive et par un intérêt qui est entièrement d'ordre plastique[2].

C'est du premier choc de la contemplation d'un visage que dépend la sensation principale qui me conduit constamment [10] pendant toute l'exécution d'un portrait[3].

J'ai beaucoup étudié la représentation du visage humain par le dessin pur, et pour ne pas donner au résultat de mes efforts le caractère de mon travail personnel — comme un portrait de Raphaël* est avant tout un portrait de Raphaël — je [15] me suis efforcé, vers 1900, de copier littéralement le visage d'après des photographies, ce qui[4] me maintenait dans les limites du caractère apparent d'un modèle. Depuis j'ai quelquefois repris cette marche de travail. Tout en suivant l'impression produite sur moi par un visage, j'ai cherché à ne [20] pas m'éloigner[5] de sa construction anatomique.

[...]

Henri Matisse, *Écrits et propos sur l'art*, Hermann, 1972, p. 176–179.

TEXTE 1   LE PORTRAIT

[**Contexte**]

　画家アンリ・マティス（1869-1954）の書いたテクストを読んでみましょう．
　一流の芸術家が優れた文章家である例は思ったよりも多く，自らの創作の秘密を明かしたり，美や芸術の本質に迫る考察を展開したりするテクストは，示唆に富んでいて面白いものです．
　マティスは20世紀のフランス絵画を代表し，ピカソと並び称される画家ですが，かなりの量の文章やインタビュー記事を残しています．最もよく知られているのは1908年に出版された『画家のノート』（邦訳，みすず書房）でしょうが，他にも興味深い文章はたくさんあります．ここで取り上げるのは，1954年に刊行されたマティスの肖像画集の序文で，「肖像画」と題されたこのテクストは，マティスにとって肖像を描くことが何を意味するのかを，画家にしか書けない言葉で解き明かしてくれます．
　人間の顔の造形的な特徴が画家の興味をかき立て，肖像を描く動機となります．最初，マティスは自分の個性や見方をできるだけ排除して，アカデミックなやり方にしたがってモデルの顔の特徴を忠実に写し出そうとしました．しかし，ある啓示的な出来事がきっかけとなって，画家自身の感覚の投影が肖像画制作には必要であることに気づくのです．モデルに触発された自分の無意識の感覚を具体化することが，肖像の生命を捉えることにつながるという発見が，そこにはあったのです．
　むろん，それは単なる画家の主観の表明としての作品を意味するのではありません．画家とモデルの一体化，主体と客体の無意識の融合にこそ，マティスにとって肖像画の要諦があったと言えましょう．自らの制作行為を反芻しながら，その意味を正確に言語化しようとする画家のペンは的確で，次第に稠密な思索へと向かっていきます．具体性と抽象性が交差する，画家の思考のプロセスをじっくりと味わって下さい．

[**Notes**]

1. **je ne fais aucune psychologie:**「心理分析などは，全然しない」．
2. **ordre plastique:** ordreには「順番，整理，秩序」などの他に，「種類，性質，領域」といった意味がある．ここでは「造形的な性質」．
3. **C'est du premier choc ... que dépend la sentation principale qui ... :** C'est ... que ... という強調構文である．
4. **ce qui me maintenait ... :** ceは関係代名詞queの先行詞．ce quiで「そのことが，その点が」と，前文の内容を受ける．Ex.: Il savait tout, ce qui m'a surpris.「彼はすべて知っていたが，そのことにわたしは驚いた」．
5. **chercher à + 不定法:**「～しようと努める」．chercher à ce que + 接続法の形もある．Ex.: Elle cherche à ce que je lui dise mes vraies raisons.「彼女は私に本当の理由を言わせようとしている」．
6. **La révélation de la vie ... m'est venue en pensant à ma mère:** ジェロンディフの動作主が主動詞の主語と一致しない破格構文の例．この場合，ジェロンディフの動作主は「私」である（= tandis que je pensais à ma mère）．

3. L'AUTRE ET SON IMAGE

Pourtant je crois que l'expression essentielle d'une œuvre dépend presque entièrement de la projection du sentiment de l'artiste; d'après son modèle et non de l'exactitude organique de celui-ci.

La révélation de la vie dans l'étude du portrait m'est venue en pensant à ma mère[6]. Dans un bureau de poste de la Picardie*, j'attendais une communication téléphonique. Pour passer le temps, je pris une formule télégraphique qui traînait sur la table et traçais à la plume une tête de femme. Je dessinais sans y penser[7], ma plume allant à sa volonté[8], et je fus surpris de reconnaître le visage de ma mère avec toutes ses finesses. Ma mère avait un visage aux traits généreux, qui portait la distinction profonde des Flandres françaises*.

[...]

Avant la révélation du bureau de poste, je commençais mon étude par une sorte d'indication schématique[9], froidement consciente, montrant les raisons de l'intérêt que suscitait en moi le modèle à interpréter. Mais après cette expérience, l'indication préliminaire dont je viens de parler se trouva modifiée à sa naissance même. Après avoir blanchi, vidé mon cerveau de toute idée préconçue, je traçais cette indication préliminaire d'une main soumise uniquement à mes sensations inconscientes, nées du modèle. Je me gardais bien d'introduire[10] dans cette représentation une remarque voulue ou bien d'y rectifier une erreur matérielle.

La transcription presque inconsciente de la signification du modèle est l'acte initial de toute œuvre d'art et particulièrement d'un portrait. Par la suite la raison est là pour dominer, pour tenir en bride et donner la possibilité de reconcevoir en se servant du premier travail comme d'un tremplin.

La conclusion de tout cela: le portrait est un art des plus singuliers. Il demande à l'artiste des dons particuliers et une possibilité d'identification presque complète du peintre et de son modèle. Le peintre doit se trouver sans idée préconçue devant son modèle. Tout doit venir à son esprit comme dans un paysage lui parviendraient toutes les odeurs de ces paysages: celles de la terre, des fleurs associées aux jeux des

TEXTE 1　LE PORTRAIT

7. **sans y penser:** penser à は「〜について思う，考える」なので，直前の内容「デッサンすること」を代名詞 y で受ける．
8. **ma plume allant à sa volonté, ...:** 現在分詞を用いた絶対分詞構文で，「私のペンは自分の意志で動き」の意味．
9. **une sorte d'indication schématique:** indication「表示，指示，しるし」は美術用語として「粗描，簡単な線描」を表す．「一種の図式的な粗描」というのは，美術学校で教えられていた，固定化された意識的なデッサンのやり方を示唆している．マティスが肖像を描く際に，写実性に加えてそのような図式性からいかに脱却していったのかがポイントとなる．
10. **se garder de + 不定法:**「〜しないよう用心する（＝〜することから自分を護る）」．Ex.: Il s'en garderait bien!「彼がそんなことをするものですか！」．
11. **donner libre cours à qc:**「（感情・能力などを）思う存分に表す，発揮する」．Ex.: Il a donné libre cours à son imagination.「彼は想像をたくましくした」．
12. **et gravement compromis le bon résultat de mon travail:** 本来は et le bon résultat de mon travail serait gravement compromis であるが，受動態としての être の条件法現在は前文の繰り返しを避けて省略し，その上で文を倒置している．ただし，être の条件法現在はこの場合 seraient と serait で3人称複数と単数の違いがあるので，やや破格な用法となっている．

[**Lexique**]

[15]　**Raphaël:** ラファエロ・サンティ（1483–1520）．レオナルド，ミケランジェロと並ぶ，盛期イタリア・ルネサンスの三大巨匠の一人．西洋古典主義絵画の祖とされ，明晰，温雅な様式で聖母子像や壁画を描いて高く評価された．肖像画にも優れている．

[28]　**Picardie:** ピカルディー地方．北フランスのエーヌ，オワーズ，ソンムの3県

ラファエロ・サンティ《バルダッサーレ・カスティリオーネの肖像》
（**1514–15 年**）　ルーヴル美術館蔵

31

3. L'AUTRE ET SON IMAGE

nuages, aux mouvements des arbres et aux différents bruits de [60]
la campagne.

Ne pouvant parler que de mes expériences, je me vois devant une personne qui m'intéresse, et le crayon ou le fusain* à la main, je fixe sur le papier, plus ou moins volontairement, son apparence. Cela me permet, au cours d'une conversation banale [65] pendant laquelle je parle moi-même ou écoute sans aucun esprit d'opposition, de donner libre cours à[11] mes facultés d'observation. À ce moment-là, il ne faudrait pas me poser une question précise, même banale, telle que: « Quelle heure est-il? », parce que ma rêverie, ma méditation autour du modèle [70] seraient coupées et gravement compromis le bon résultat de mon travail[12].

アンリ・マティス《ピアニスト，アンリ・ジル゠マルシェの肖像》（1924 年）　国立西洋美術館蔵
© 2006 Succession H. Matisse, Paris / SPDA, Tokyo

TEXTE 1　LE PORTRAIT

からなる広域行政圏．マティスはさらに北方のベルギーと境を接するノール県の町ル・カトー゠カンブレジ Le Cateau-Cambrésis に生まれ，少年時代をピカルディー地方で過ごしている．

[35] **Flandre:** フランドル地方．ベルギー西部を中心に，フランス北端からオランダ南西にかけて広がり，このように複数形で書かれることもある．Flandres françaises としているのはその中のフランスの部分に限定するためで，そこはまさにマティスの出身地である．

[63] **le crayon ou le fusain:** いずれも美術用語で，crayon は鉛筆，クレヨン，パステル，チョークなど素描用の画材を，fusain は同じく素描用の木炭を意味する．

33

TEXTE 2 ★★ [CD 1 n° 13-15]
Le corps

J. M. G. Le Clézio

De ce visage que j'ai reçu à ma naissance, j'ai des choses à [1]
dire. D'abord, qu'il m'a fallu l'accepter[1]. Affirmer[2] que je ne
l'aimais pas serait lui donner une importance qu'il n'avait pas
quand j'étais enfant. Je ne le haïssais pas, je l'ignorais, je l'évitais.
Je ne le regardais pas dans les miroirs. Pendant des années, je [5]
crois que je ne l'ai jamais vu. Sur les photos, je détournais les
yeux, comme si quelqu'un d'autre s'était substitué à moi.

À l'âge de huit ans à peu près, j'ai vécu en Afrique de l'Ouest,
au Nigeria, dans une région assez isolée où, hormis mon père
et ma mère, il n'y avait pas d'Européens, et où l'humanité, [10]
pour l'enfant que j'étais, se composait uniquement d'Ibos et
de Yoroubas*. Dans la case que nous habitions[3] (le mot case* a
quelque chose de colonial[4] qui peut aujourd'hui choquer, mais
qui décrit bien le logement de fonction[5] que le gouvernement
anglais avait prévu pour les médecins militaires, une dalle de [15]
ciment pour le sol, quatre murs de parpaing sans crépi, un toit
de tôle ondulée recouvert de feuilles, aucune décoration, des
hamacs accrochés aux murs pour servir de lits[6] et, seule con-
cession au luxe, une douche reliée par des tubes de fer à un
réservoir sur le toit que chauffait le soleil), dans cette case, [20]
donc, il n'y avait pas de miroirs, pas de tableaux, rien qui pût
nous rappeler le monde où nous avions vécu jusque-là[7]. Un
crucifix que mon père avait accroché au mur, mais sans

J. M. G. Le Clézio, *L'Africain*, Mercure de France, 2004, p. 9-13.

TEXTE 2　　LE CORPS

[Contexte]

　小説 Onitsha (Éditions Gallimard, 1991) において，作者ル・クレジオの分身とも言える主人公は，妹に問いかけます．「おまえにとって，アフリカとはただの名前にすぎないのだろうか．ほかの土地と同じような土地，新聞や書物で話題となる大陸，戦争があるからその名が人の口の端にのぼる場所にすぎないのだろうか」と．

　ル・クレジオは，1940 年，イギリス国籍の父とフランス国籍の母とのあいだに，フランスで生まれました．イギリス植民地下の西アフリカ（現在のカメルーン西部からナイジェリア東部に及ぶ地域）に医務官として派遣され，30 代からの 20 年以上をその地で過ごすこととなった父．父とともにアフリカで暮らしながら，出産に備えてフランスに戻ったがために，第二次世界大戦の勃発によってフランスに足止めされた母．そして，終戦直後の混乱を逃れるべく，1948 年，母に連れられて父のいるアフリカへと海を渡り，そこで父を〈見いだす〉こととなった少年ル・クレジオ．

　小説 Onitsha から 10 年以上を隔てて発表された L'Africain (Mercure de France, 2004) では，小説というジャンルを離れたル・クレジオが，父・母・自分のこうした軌跡を描写しています．大戦前のアフリカにおける父と母の蜜月の暮らし．少年ル・クレジオ自身のアフリカ経験．そして何よりも，父の人物像と父の人生にとってのアフリカの意味．題名の「アフリカの人」（男性・単数で定冠詞のついた「アフリカの人」）とは，この父にほかなりません．過去の想起に基づきながらも，そして，アフリカという〈異境〉に舞台を求めながらも，この作品はノスタルジーやエキゾティシズムを回避し，生の実体性とその生への確信を鮮烈に伝えています．

　本テクストはこの作品の冒頭部分です．列強がアフリカを植民地化し，搾取した歴史，そしてポストコロニアルの状況下で，かつての植民地列強がアフリカを忘却の彼方におしやり，アフリカと真摯に向き合わずにいる事実（ビアフラ戦争！）．こうした現実に対するル・クレジオの告発が，「おまえにとって，アフリカとはただの名前にすぎないのか」という問いかけを導いています．ル・クレジオがみずからの生の実体性を確信する現場としての〈アフリカ〉とはいかなる場所であるのか，〈アフリカ〉をなおのこと遠く捉えがちなわれわれも，思いを馳せてみてはどうでしょうか．

[Notes]

1. **D'abord, qu'il m'a fallu l'accepter:** この接続詞 que の働きを説明してみよう．
2. **Affirmer:** 動詞の不定詞は名詞としての機能を果たす．
3. **la case que nous habitions:**「住む」という原義に違いはないが，動詞 habiter には自動詞としての用法と他動詞としての用法とがある．Ex.: Il habite à Londres. / Il habite Londres.「彼はロンドンに住んでいる」．Voilà l'appartement où elle habitait. / Voilà l'appartement qu'elle habitait.「あれが彼女の住んでいたアパルトマンです」．
4. **quelque chose + de + 形容詞:**「何か〜なこと」．このような不定代名詞に形容詞を付す場合は，前置詞 de で連結し，形容詞は男性単数形にする．Ex.: Quoi de neuf? — Rien de spécial.「何か変わったことは？」「特に何も」．

35

3. L'AUTRE ET SON IMAGE

représentation humaine. C'est là que j'ai appris à oublier. Il me semble que c'est de l'entrée dans cette case, à Ogoja*, que date l'effacement de mon visage, et des visages de tous ceux qui étaient autour de moi.

De ce temps, pour ainsi dire consécutivement, date l'apparition des corps[8]. Mon corps, le corps de ma mère, le corps de mon frère, le corps des jeunes garçons du voisinage avec qui je jouais, le corps des femmes africaines dans les chemins, autour de la maison, ou bien au marché, près de la rivière. Leur stature, leurs seins lourds, la peau luisante de leur dos. Le sexe des garçons, leur gland rose circoncis*. Des visages sans doute, mais comme des masques de cuir, endurcis, couturés de cicatrices, de marques rituelles*. Les ventres saillants, le bouton du nombril pareil à un galet cousu sous la peau. L'odeur des corps aussi, le toucher, la peau non pas rude mais chaude et légère, hérissée de milliers de poils. J'ai cette impression de la grande proximité, du nombre des corps autour de moi, quelque chose que je n'avais pas connu auparavant, quelque chose de nouveau et de familier à la fois, qui excluait la peur.

En Afrique, l'impudeur des corps était magnifique. Elle donnait du champ, de la profondeur, elle multipliait les sensations, elle tendait un réseau humain autour de moi. Elle s'harmonisait avec le pays ibo, avec le tracé de la rivière Aiya, avec les cases du village, leurs toits couleur fauve, leurs murs couleur de terre[9]. Elle brillait dans ces noms qui entraient en moi et qui signifiaient beaucoup plus que des noms de lieux: Ogoja, Abakaliki, Enugu, Obudu, Baterik, Ogrude, Obubra*. Elle imprégnait la muraille de la forêt pluvieuse qui nous enserrait de toutes parts.

Quand on est enfant, on n'use pas de mots[10] (et les mots ne sont pas usés[11]). Je suis en ce temps-là très loin des adjectifs, des substantifs. Je ne peux pas dire ni même penser[12]: admirable, immense, puissance. Mais je suis capable de le ressentir[13]. À quel point[14] les arbres aux troncs rectilignes s'élancent vers la voûte nocturne fermée au-dessus de moi, enfermant comme dans un tunnel la brèche sanglante de la route de latérite qui

TEXTE 2　LE CORPS

5. **logement de fonction:**「官舎，社宅」の意味．Cf. voiture de fonction「公用車」．
6. **servir de + 無冠詞名詞:**「～の代わりになる，～として役立つ」．
7. **il n'y avait pas de miroirs, ... , rien qui pût nous rappeler le monde où nous avions vécu jusque-là:** 3 ヵ所の動詞，avait, pût, avions vécu の法と時制をそれぞれ説明してみよう．
8. **De ce temps, ... , date l'apparition des corps:** dater de は「～にさかのぼる，～から始まる」の意味．L'apparition des corps date de ce temps という文において，de ce temps を動詞の前に置いて強調した倒置の構文．
9. **leurs toits couleur fauve, leurs murs couleur de terre:** 〈couleur (de) + 無冠詞名詞〉は形容詞的に名詞を修飾する．形容詞的な用法とはいえ，無変化で，de を挟むかどうかは一定しない．Ex. des rubans couleur paille「麦わら色のリボン」．ただし，couleur de mer (「海の色の」) や couleur de terre (「土色の」) など，一部の表現では de を省略しない．
10. **on n'use pas de mots:** user de は「～を使う，用いる」という意味だが，抽象的なものの使用を表現することが多い．具体物の使用については，employer, utiliser, se servir de などを用いる．
11. **et les mots ne sont pas usés:** user を他動詞として用いると，「使い古す，使い果たす，すり減らす，消耗させる」という意味になる．したがって，usé は形容詞として，「使い古された，使い果たした; 言い古された，月並みの」といった意味を持つ．
12. **ne + 動詞 + pas A ni B:**「A も～ないし，B も～ない」．Je ne suis ni beau ni intelligent.「わたしはハンサムでも聡明でもない」という構文と意味の上では同じだが，まず通常の否定文が完結した上で，さらに「～でもない」が付加される．
13. **Mais je suis capable de le ressentir:** le は中性代名詞で，「そのことを」の意味．
14. **À quel point:** point は「程度」の意味．Ex. à ce point「これほどまでに」/ jusqu'à un certain point「ある程度まで」．
15. **L'entrée dans Obudu, je m'en souviens bien:** se souvenir de は「～を覚えている，思い出す」の意味．この文では，de 以下が代名詞 en になっているが，それが受けているのは，文頭に置かれた l'entrée dans Obudu である．
16. **habillés plus ou moins à l'occidentale:** à l'occidentale は，à la manière occidentale を略した表現．〈à la manière + 形容詞〉は「～風に，～風の」という意味．Ex.: cuisine à la (manière) vietnamienne「ベトナム風料理」．
17. **comme si le temps n'était pas passé:** 動詞の法と時制を説明してみよう．

[Lexique]

[12]　**Ibos, Yoroubas:** イボ (Ibo) はナイジェリア南東部に主として居住する人々で，ニジェール・コルドファン語族クワ語派の言語を話し，ヤムイモやキャッ

3. L'AUTRE ET SON IMAGE

va d'Ogoja vers Obudu, à quel point dans les clairières des villages je ressens les corps nus, brillants de sueur, les silhouettes larges des femmes, les enfants accrochés à leur hanche, tout cela qui forme un ensemble cohérent, dénué de mensonge.

L'entrée dans Obudu, je m'en souviens bien[15] : la route sort de l'ombre de la forêt et entre tout droit dans le village, en plein soleil. Mon père a arrêté son auto, avec ma mère il doit parler aux officiels. Je suis seul au milieu de la foule, je n'ai pas peur. Les mains me touchent, passent sur mes bras, sur mes cheveux autour du bord de mon chapeau. Parmi tous ceux qui se pressent autour de moi, il y a une vieille femme, enfin je ne sais pas qu'elle est vieille. Je suppose que c'est d'abord son âge que je remarque, parce qu'elle diffère des enfants nus et des hommes et des femmes habillés plus ou moins à l'occidentale[16] que je vois à Ogoja. Quand ma mère revient (peut-être vaguement inquiète de ce rassemblement), je lui montre cette femme : « Qu'est-ce qu'elle a ? Est-ce qu'elle est malade ? » Je me souviens de cette question que j'ai posée à ma mère. Le corps nu de cette femme, fait de plis, de rides, sa peau comme une outre dégonflée, ses seins allongés et flasques, pendant sur son ventre, sa peau craquelée, ternie, un peu grise, tout cela me semble étrange, et en même temps vrai. Comment aurais-je pu imaginer que cette femme était ma grand-mère ? Et je ressentais non pas de l'horreur ni de la pitié, mais au contraire de l'amour et de l'intérêt, ceux que suscite la vue de la vérité, de la réalité vécue. Je me rappelle seulement cette question : « Est-ce qu'elle est malade ? » Elle me brûle encore aujourd'hui étrangement, comme si le temps n'était pas passé[17]. Et non la réponse — sans doute rassurante, peut-être un peu gênée — de ma mère : « Non, elle n'est pas malade, elle est vieille, c'est tout. » La vieillesse, sans doute plus choquante pour un enfant sur le corps d'une femme puisque encore, puisque toujours, en France, en Europe, pays des gaines et des jupons, des soutiens-gorge et des combinaisons, les femmes sont ordinairement exemptes de la maladie de l'âge. La brûlure sur mes joues que je ressens encore, qui accompagne la question naïve et la réponse brutale de ma mère, comme un soufflet. Cela est resté

TEXTE 2　LE CORPS

サバなどを栽培する農耕民．ヨルバ (Yoruba / Yorouba) はナイジェリア南西部の熱帯林からベナン，トーゴにかけて主に居住し，同じくクワ語派の言語を話す人々．ヤムイモ，キャッサバ，トウモロコシなどを栽培する農耕民であるが，交易もよく行うことで知られている．

[12] **le mot case:** ラテン語の *casa*「小屋」に由来する « case » という単語を，辞典 *Le Petit Robert* は次のように定義している．« Habitation traditionnelle, généralement construite en matériaux légers, dans certaines civilisations des pays tropicaux. »

[25] **Ogoja:** ナイジェリア南東部，クロスリヴァー州に位置する町．ル・クレジオの父は，第二次世界大戦勃発の頃からこの町を中心とした地域の医務官をつとめた．*L'Africain* では，この町が次のように描写されている．« Ogoja [...] est un poste avancé de la colonie anglaise, un gros village dans une cuvette étouffante au bord de l'Aiya, enserré par la forêt, coupé du Cameroun par une chaîne de montagnes infranchissable. » ちなみに，[Contexte] で言及したル・クレジオの小説の表題となった町，Onitsha も，この Ogoja も，ビアフラ戦争時にはナイジェリア連邦政府軍との戦闘の舞台となっている．

[34] **circoncis:** circoncision「割礼」は，男児の陰茎包皮を環状に切除する施術（「環状割礼」とも言う），ならびにそれにかかわる一連の儀礼的手続きのことを指す．

[36] **couturés de cicatrices, de marques rituelles:** 儀礼的ないしは装飾的な意図で，人間の身体の特定部分に何らかの永続的な変形を加える慣行は「身体変工 (mutilation)」と呼ばれる．ここでは，切傷や焼灼（しょうしゃく）によって皮膚にケロイド状の傷痕を生じさせ，その隆起によって文様を描くこと（これを「瘢痕文身」という）が話題となっている．前述の割礼も「身体変工」の1つである．

[51] **Ogoja, Abakaliki, Enugu, Obudu, Baterik, Ogrude, Obubra:** いずれも地名で，Ogoja は前出．固有名詞，とりわけ地名をこのように列挙して例示するのは，ル・クレジオがしばしば用いる表現技法である．

3. L'AUTRE ET SON IMAGE

en moi sans réponse. La question n'était sans doute pas: Pourquoi cette femme est-elle devenue ainsi, usée et déformée par la vieillesse?, mais: Pourquoi m'a-t-on menti? Pourquoi m'a-t-on caché cette vérité? [100]

ル・クレジオの写真コレクションより（次ページも同）

TEXTE 2   LE CORPS

TEXTE 3 ★★ [CD 1 n° 16–18]
L'image symétrique de nous-mêmes

Claude Lévi-Strauss

L'Occident a découvert le Japon à deux reprises: au milieu [1] du XVIe siècle quand les jésuites, venus[1] dans le sillage des marchands portugais, y[2] pénétrèrent (mais ils furent expulsés au siècle suivant); et trois cents ans plus tard, avec l'action navale menée par les États-Unis pour contraindre l'Empire du [5] Soleil-Levant à s'ouvrir au commerce international.

De la première découverte, le père Luís Fróis* fut l'un des principaux acteurs. Un rôle comparable revint, dans la seconde, à l'Anglais Basil Hall Chamberlain* dont Fróis apparaît aujourd'hui comme le précurseur. Né en 1850, Chamberlain [10] visita le Japon, s'y fixa et devint professeur à l'Université de Tôkyô. Dans un de ses livres, *Things Japanese**, paru en 1890, composé en forme de dictionnaire, sous la lettre T un article intitulé *Topsy-Turvydom**, « le monde du tout-à-l'envers », développe l'idée que « les Japonais font beaucoup de choses [15] de façon exactement contraire à ce que les Européens jugent naturel et convenable. »

Ainsi*, les couturières japonaises enfilaient leurs aiguilles en poussant le chas sur le fil au lieu de pousser le fil dans le chas. Elles piquaient aussi le tissu sur l'aiguille au lieu, comme [20] nous faisons, de piquer l'aiguille dans le tissu.

Un objet modelé en terre cuite, récemment exhumé lors de

Claude Lévi-Strauss, Préface à *Européens & Japonais: Traité sur les contradictions & différences de mœurs, écrit par le R. P. Luís Fróis au Japon, l'an 1585*, Éditions Chandeigne, 1998, p. 7–11.

TEXTE 3　L'IMAGE SYMÉTRIQUE DE NOUS-MÊMES

[**Contexte**]

　いわゆる大航海時代，近代化へと向かう歴史的変動のなかで西欧が世界の各地に進出したとき，西欧は進出先の各地で見知らぬ他者と出会いました．はじめて出会う異形の他者をいかに意味づけるかということは，西欧の人々にとって自己の意味づけへと反射する，いわば実存的な課題だったはずです．

　一方には他者，すなわち非西欧の人々を，西欧の人々よりも劣った人々，〈文明〉を知らない〈野蛮〉な人々と見なす思想がありました．その一方で，〈文明〉が人間の頽廃のあかしであると考え，〈野蛮〉こそが人間の原初の高貴さや善良さを示すと考える思想がありました．〈野蛮〉の意味あいは違っても，両者の立論はともに〈文明〉と〈野蛮〉とを二項対立として位置づけ，その一方を正に，残る他方を負に価値づけるという同じ構図を示しています．しかも，その対立があくまでも〈文明〉（すなわち西欧）の側において設定されていることから，この対立は〈文明〉という土俵の上で〈文明〉と〈野蛮〉とを対峙させ，そこに正負の価値判断を導入したものであると言うことができます．

　ところがこうした意味づけの一方で，16世紀の後半を日本で過ごしたポルトガル人のイエズス会宣教師，ルイス・フロイスの日本文化論は，西欧と非西欧（日本）とを対立項として捉えながらも，単純にその対立を西欧の土俵に回収するのではない認識のあり方を示しています．そうした認識をもたらしているもの，それはフロイスの粘り強いまでの差異に対する執着です．ここにテクストとして取り上げたのは，フロイスのこの日本文化論のフランス語訳に，フランスの著名な人類学者，クロード・レヴィ＝ストロース（1908–）が寄せた序文です．他者との対峙において，自己の側から単純かつ一方的な意味づけをあてがうのでなく，微細な差異に執拗にこだわり続けること．このことが他者理解にもたらすものについて，本テクストを読みながら考えてみましょう．

　本テクストの著者レヴィ＝ストロースは，構造主義の理論家として，人類学のみならず広く思想界に影響を及ぼした人物です．その彼の構造論的分析の一端を示すのが，さまざまな文化的事象を相互に対称かつ逆転の位置取りにあるものとして読み解くという手法であったことも，このテクストを味読する上で想起すべきかもしれません．

[**Notes**]

1. **venu:** 自動詞の過去分詞の能動的用法（= qui sont venus）．他動詞の過去分詞の大半が受動的に用いられることと比較すること．Ex. un obus éclaté（= qui a éclaté）/ un pot cassé（= qui a été cassé）．
2. **y:** dans le Japon の意味．y が，〈dans / en / sur など＋名詞 / 代名詞〉の代わりにもなることに注意．Ex.: Elle sortait du magasin quand j'y entrais.（y = dans ce magasin）．
3. **plane:**「鉋（かんな）」．しかし実際には，西欧の鉋は，2つの把手（とって）の間に刃を渡した形状で，日本の鉋とはまったく異なる．
4. **S'il avait pu connaître ..., il y aurait trouvé ... :**「過去の事実に反する仮

3. L'AUTRE ET SON IMAGE

fouilles archéologiques, atteste que, déjà au VIe siècle, les Japonais montaient à cheval par la droite, contrairement à notre usage. Encore aujourd'hui, le visiteur étranger s'étonne que le menuisier japonais scie en tirant l'outil vers soi et non en le poussant à notre manière; et qu'il manie pareillement la plane[3], couteau à deux manches qui, comme son nom l'indique, sert à aplanir et amincir le bois. Au Japon, le potier lance le tour du pied gauche dans le sens des aiguilles d'une montre, à la différence du potier européen ou chinois qui lance le tour du pied droit et le meut donc dans l'autre sens.

Car ces usages — les missionnaires jésuites l'avaient déjà remarqué — n'opposent pas seulement le Japon à l'Europe: la ligne de démarcation passe entre le Japon insulaire et l'Asie continentale. En même temps que maints autres éléments de sa culture, le Japon emprunta à la Chine la scie passe-partout qui coupe en poussant; mais, dès le XIVe siècle, la scie qui coupe en tirant inventée sur place évinça le modèle chinois. Et la plane qu'on pousse, venue de Chine au XVIe siècle, céda cent ans plus tard la place à des modèles qui coupent en tirant vers soi.

La plupart de ces exemples étaient déjà brièvement cités par Chamberlain. S'il avait pu connaître le *Traité* de Fróis, découvert onze ans après sa mort, il y aurait trouvé[4] un répertoire fascinant d'observations parfois identiques aux siennes[5], mais plus nombreuses et qui tendent toutes[6] à la même conclusion.

Ni Chamberlain ni Fróis n'avaient probablement présent à l'esprit[7] qu'ils s'exprimaient sur le Japon dans les mêmes termes qu'Hérodote, au Ve siècle avant notre ère, sur un pays, l'Égypte, à ses yeux non moins empreint de mystère: car, écrivait le voyageur grec, « les Égyptiens se conduisent en toutes choses à l'envers des autres peuples* ». Les femmes font le commerce tandis que les hommes restent à la maison. Ce sont eux et non elles qui tissent; et ils commencent la trame par le bas du métier[8], non par le haut comme dans les autres pays. Les femmes urinent debout, les hommes accroupis*, etc. Je ne continue pas la liste, qui met en évidence une attitude d'esprit commune aux trois auteurs.

TEXTE 3　L'IMAGE SYMÉTRIQUE DE NOUS-MÊMES

定」の構文に注意．

5. **aux siennes:** les siennes を，「所有形容詞 + 名詞」で書き換えるとどうなるか．
6. **toutes:** 不定代名詞で，関係代名詞 qui の先行詞 observations の同格語として用いられている．
7. **n'avaient probablement présent à l'esprit:** avoir une chose présente à l'esprit で，「ある事柄を心に留める」の意で，que 以下がその内容となっている．Ex.: Sans être ignorant de ces questions, il ne les avait plus présentes à l'esprit.
8. **métier:**「織り機」．
9. ***contradictions* et *différences*:** レヴィ゠ストロースは，« *contradições* et *diferenças* » とポルトガル語で引用しているが，フランス語に改めておいた．
10. **la leur:**「所有形容詞 + 名詞」で書き換えるとどうなるか．
11. **qui nous reste irréductible:**「われわれに還元され得ないままである；われわれとは完全に一致しないままである」．関係代名詞 qui の先行詞は何か．
12. **qu'il serait, de ce fait, tenté de mépriser et de rejeter avec dégoût:** être tenté de で，「～する気になる」．serait は条件法現在形．条件となる語や節は明示されていないが，「ことによったら」等を補えばよい．直接目的補語の関係代名詞 que の先行詞は des usages.
13. **se la rendre familière:** se と la が，それぞれ何を受けているかに注意して，この部分を訳してみよう．

[**Lexique**]

[7]　**Luís Fróis (1532–97):** ポルトガル出身のイエズス会司祭．1562 年に来日し，各地で布教，膨大な『日本史』（邦訳あり）の著者として知られる．ここで取り上げたレヴィ゠ストロースの文章は，フロイスが残した『ヨーロッパ文化と日本文化』（原題は，『ヨーロッパ人と，この日本国の住民たちとの間の，風俗上の対照及び相違のいくつかが，きわめて簡潔にして要約的な体裁のもとに見出される提要』，1585 年執筆）のフランス語版序文として発表された．レヴィ゠ストロースは冒頭に，「いちばん反対のものどうしが，いちばんの友となる」という，プラトン『リュシス』の一節 (215e) をエピグラフとして引いているが，ここでは省略した．なお，フロイス『ヨーロッパ文化と日本文化』にも邦訳がある（岡田章雄訳，岩波文庫）．

[9]　**Basil Hall Chamberlain (1850–1935):** イギリスの日本語・日本文化研究者．幼少期をフランスですごしたために，英・仏 2 ヵ国の文化的素養を持っていたのみならず，10 ヵ国以上の言語に通じていたという．1873 年に日本を訪れ，以後 30 年以上日本に滞在し，東京帝国大学教師として，日本語学等を講義した．とりわけ，現地調査に基づいた，アイヌ研究，琉球研究によって知られる．

[12]　***Things Japanese*:** チェンバレンの代表作．項目が ABC 順に配列されて，日本に関する小百科事典の体裁をとっている．邦訳がある（『日本事物誌』全 2

3. L'AUTRE ET SON IMAGE

Dans les disparités qu'ils énumèrent, on ne peut pas toujours voir des contradictions. Elles ont souvent un statut plus modeste: tantôt simples différences, tantôt présence ici, absence là. Fróis ne l'ignorait pas puisque, dans le titre de son ouvrage, les mots *contradictions* et *différences*[9] se côtoient. Pourtant, chez lui plus encore que chez les deux autres auteurs, on relève un effort pour faire entrer tous les contrastes dans le même cadre. Des centaines de comparaisons, formulées de façon concise et construites sur le mode du parallélisme, suggèrent au lecteur qu'on ne lui signale pas seulement des différences, mais que toutes ces oppositions constituent en fait des inversions. Entre les usages de deux civilisations, l'une exotique et l'autre domestique, Hérodote, Fróis et Chamberlain ont partagé la même ambition. Au-delà d'une inintelligibilité réciproque, ils insistent pour faire voir des rapports transparents de symétrie.

Mais n'était-ce pas là une façon de reconnaître que l'Égypte, pour Hérodote, le Japon, pour Fróis et Chamberlain, possédaient une civilisation nullement inégale à la leur[10]? La symétrie qu'on reconnaît entre deux cultures les unit en les opposant. Elles apparaissent tout à la fois semblables et différentes, comme l'image symétrique de nous-mêmes, réfléchie par un miroir, qui nous reste irréductible[11] bien que nous nous retrouvions dans chaque détail. Quand le voyageur se convainc que des usages en totale opposition avec les siens, qu'il serait, de ce fait, tenté de mépriser et de rejeter avec dégoût[12], leur sont en réalité identiques, vus à l'envers, il se donne le moyen d'apprivoiser l'étrangeté, de se la rendre familière[13].

En soulignant que les usages des Égyptiens et ceux de ses compatriotes étaient dans un rapport d'inversion systématique, Hérodote les mettait en réalité sur le même plan et rendait indirectement compte de la place qui revenait à l'Égypte selon les Grecs: civilisation d'une antiquité respectable, dépositaire d'un savoir ésotérique où l'on pouvait encore puiser des enseignements.

De même qu'en d'autres temps, mis dans une conjoncture comparable en présence d'une autre civilisation, c'est aussi en

TEXTE 3 L'IMAGE SYMÉTRIQUE DE NOUS-MÊMES

巻，高梨健吉訳，平凡社，東洋文庫）．

[14]　***Topsy-Turvydom:***「めちゃくちゃ，本末転倒」．邦訳では「あべこべ」という項目．

[18]　***Ainsi, … :*** Cf.「著者の知人である婦人が知らせてくれたことによると，日本の婦人は針に糸を通すのではなくて，糸に針を通す．また着物の上で針を走らせるのではなくて，彼女らは針をじっと持ったままで，着物を走らせる」（前記邦訳，第 2 巻，p. 273）．

[53]　***Les Égyptiens se conduisent … :*** ヘロドトス『歴史』巻二・35 の一節である．

[57]　***Les femmes urinent debout … :*** レヴィ゠ストロースが愛読するモンテーニュも，『エセー』第 1 巻・23 章(1595 年版では 22 章)「習慣について．容認されている法律を容易に変えないことについて」で，「男は荷物を頭にのせ，女が肩にかついで歩くところとか，女が立ったまま小便をし，男がしゃがんでするところもある」などと書いている．

鉋と鋸を，引く道具として扱う日本の建具師．文政年間の絵巻物『建具師・指物師』より．川原慶賀画．

3. L'AUTRE ET SON IMAGE

faisant appel à la symétrie que Fróis, sans le savoir, car c'était encore trop tôt, et Chamberlain en le sachant, nous offrirent un moyen de mieux comprendre la profonde raison pour laquelle, vers le milieu du XIXe siècle, l'Occident acquit le sentiment de se redécouvrir dans les formes de sensibilité esthétique et poétique que lui proposait le Japon. [100]

ヨーロッパの陶工．この図では，陶工が左足でろくろを回していることに注目．ハンス・ザックス文，ヨスト・アマン絵『職人尽くし』(1574) より．

TEXTE 3 L'IMAGE SYMÉTRIQUE DE NOUS-MÊMES

ブラジルでのレヴィ゠ストロース（1938 年）

4
Le retour des troubadours

　1953 年に出たジョルジュ・ブラッサンス最初の LP レコードのジャケットには，Georges Brassens chante les chansons poétiques de Georges Brassens「ジョルジュ・ブラッサンスがジョルジュ・ブラッサンスの詩的な歌を歌う」と書かれています．繰り返しが多いキャッチ・フレーズですが，当時としては意味のあることでした．

　歌手本人が作曲し，自分で歌うことはとても珍しく，ましてや，作曲家兼作詞家の歌手となると，ちょっとした事件だったのです．なるほど，戦前から，シャルル・トレネ (1913–2002) という偉大なる先駆者がいたとはいえ，彼の歌はブラッサンスが目指した新しい「文学的シャンソン」の深みや広がりには及びませんでした．というよりも，トレネが大きなミュージック・ホールで発展した戦前の chanson populaire（ポピュラー・ソング）の先端を走っていたとすれば，ブラッサンスは，19 世紀からあった風刺歌の伝統を，芸術的キャバレーという場で復活させたといえそうです．ちなみに，昔は chansonner という動詞があって，「歌で風刺する」という意味で使われていましたが，今は死語になりつつあります．

　「反世間的なブラッサンス，ロマンチックなブレル，政治的なフェレ」などと紹介される，戦後シャンソンの三巨匠も，万能のボリス・ヴィアンも，このようなシャンソン本来の精神に立ち戻って創作を展開したわけです．レオ・フェレ (1916–77) を，ここで紹介できないのは残念ですが．

　彼らの作品は，発表当時から日本人も含めて数多くの歌手によって歌われてきましたし，現在のシャンソンにも決定的な影響を及ぼしているのです．また，ほぼ同じ頃に活躍を開始したシンガーソングライター——フランス語では auteur-compositeur-interprète といいます——の，ジョルジュ・ムスタキ，紅一点のバルバラ，セルジュ・ゲンスブールたちも重要な存在です．機会があれば，ぜひ，彼らの曲にも耳を傾けてみましょう．

TEXTE 1 ★ [CD 1 n° 19]
Pauvre Martin

Georges Brassens

Avec une bêche à l'épaule, [1]
Avec, à la lèvre, un doux chant[1],
Avec, à la lèvre, un doux chant,
Avec, à l'âme, un grand courage,
Il s'en allait[2] trimer aux champs! [5]

Pauvre Martin*, pauvre misère[3],
Creuse la terre, creuse le temps!*

Pour gagner le pain de sa vie[4],
De l'aurore jusqu'au couchant,
De l'aurore jusqu'au couchant, [10]
Il s'en allait bêcher la terre
En tous les lieux, par tous les temps!

Pauvre Martin, pauvre misère,
Creuse la terre, creuse le temps!

Sans laisser voir[5], sur son visage, [15]
Ni l'air jaloux ni l'air méchant[6],
Ni l'air jaloux ni l'air méchant,
Il retournait le champ des autres,
Toujours bêchant, toujours bêchant!

Georges Brassens, *Chansons et poèmes*, Seuil, 1991, p. 36–37.

TEXTE 1   PAUVRE MARTIN

[**Contexte**]

　シャンソン界にデビューした当初からジョルジュ・ブラッサンス（1921–81）は異質的な存在で，誰も，彼が書いた歌を歌ってくれなかったため，仕方なく自分で歌い始めたのでした．それまで聞いたことのない声の出し方，誰も想像もできなかったアナーキーな言葉．ブラッサンスが50年代初頭から文学とシャンソンの間の新しい接点を探りながら作り上げた歌は，人々を驚かせ，人気を博しました．「すこぶる中世的」と自称したブラッサンスは，フランス詩の元祖の一人，15世紀の悪党詩人フランソワ・ヴィヨンによく比較されますが，実はその詩にも曲を付けて歌っています．反骨精神に貫かれた作品には，諧謔や揶揄が横溢し，ヴィヨンにも負けていません．愛から死，反戦主義から友情の絆（*Les copains d'abord*「仲間を先に」は彼の一番知られている歌です），また艶笑的な主題まで，どんなテーマを扱っても，彼ならではの苦みや深い感情が加えられています．そしてヴィヨンだけではなく，ユゴー，ミュッセ，さらには現代の詩人の作品を歌い，その後の歌手たちも（特にレオ・フェレ），こうした流れを発展させました．このようにブラッサンスは，シャンソンと文学の両方の系譜に位置付けることができるのです．たしかに，彼はレオ・フェレ，ジャック・ブレルを始めとする，彼の同世代の歌手から，現在の，たとえば郊外の移民出身の若者を代表するリダン Ridan まで，シャンソン界に膨大な影響を与えていますが，1967年にアカデミー・フランセーズから賞を受ける以前から「国民的詩人」といわれていたのであり，歌というジャンルを越えた，一個の文化的な存在とみなすべきでしょう．

　ここに紹介する *Pauvre Martin* は，彼の初期作品で，1953年にはじめて録音されましたが，戦時中，ドイツでの強制労働先で作られたといわれています．難解といわれている彼の作品の中では，一番分かりやすい歌かもしれません．背徳的といわれて問題になったり，あるいはラジオ局に敬遠されたりした曲の数々とは違った味を持ち，いつも弱い者に味方する彼の眼差しをよく表した歌です．それに，ブラッサンスならではの特徴のあるリズムは，彼の作風でもあり，詩の内容にうまく共鳴しています．

[**Notes**]

1. **Avec, à la lèvre, un doux chant:** 普通の語順は avec un doux chant à la lèvre になるが，à la lèvre（さらには，以下の à l'âme を）強調するために，語順を倒置し，virgule (,) を挟んで名詞補語を挿入している．
2. **Il s'en allait:** s'en aller は代名動詞の動詞句としてよく使われる．たとえば，命令形の Vas-t'en!「行け！」などがある．他に，文脈によって「立ち去る」，「帰る」などの意味を持つが，ここでは，不定法と組み合わせて「～しに出かける」を意味する．なお半過去は，ここでは習慣的動作を表す．
3. **Pauvre Martin, pauvre misère:** pauvre が名詞の後に置かれれば「貧しい，乏しい」の意味だが，名詞の前なので「かわいそうな，みじめな，くだらない」という意味．Cf. un homme simple et bon / un simple soldat.
4. **Pour gagner le pain de sa vie:** よく使われる表現としては gagner son pain あるいは gagner sa vie がある．ブラッサンスの表現はこの両方を組み合わせ

4. LE RETOUR DES TROUBADOURS

>Pauvre Martin, pauvre misère, [20]
>Creuse la terre, creuse le temps!
>
>Et quand la mort lui a fait signe
>De labourer[7] son dernier champ,
>De labourer son dernier champ,
>Il creusa lui-même sa tombe [25]
>En faisant vite, en se cachant[8]...
>
>Pauvre Martin, pauvre misère,
>Creuse la terre, creuse le temps!
>
>Il creusa lui-même sa tombe
>En faisant vite, en se cachant, [30]
>En faisant vite, en se cachant,
>Et s'y étendit sans rien dire
>Pour ne pas déranger les gens...
>
>Pauvre Martin, pauvre misère,
>Dors sous la terre, dors sous le temps* [35]

TEXTE 1　PAUVRE MARTIN

ている珍しい言い方で，具体性を感じさせる．
5. **laisser + 不定法**:「〜させる，〜するに任せる」．
6. **ne + 動詞 + ni A ni B**:「AもBも〜ない」．ここでは sans laisser voir が〈ne + 動詞〉に代わっており，次のように言い換えられる．Ni la jalousie ni la méchanceté ne se voyait (se voyaient) sur son visage.
7. **faire signe à qn de + 不定法**:「(人)に，〜するように合図をする」．
8. **en se cachant**: 同時性を表すジェロンディフ．

[**Lexique**]

[6]　**Martin:** Martin は，昔はとてもよくある男性の名前だった．«Il y a plus d'un âne à la foire qui s'appelle Martin.»「市場にはマルタンと呼ばれるロバがたくさんいる」という18世紀の諺が示すように，役畜（えきちく）としてのロバとも結びついている．つまりブラッサンスにおいて，マルタンとは「いつまでも苦労している匿名の労働者」の比喩なのでもある．

[7]　**Creuse la terre, creuse le temps!:** このルフラン（リフレイン）refrain の，厳格な形式構造に注意すること．基本的に8音節からなる，この歌のリズムが強調されている．真ん中に4-4の半句を整える区切りを入れた上で，それぞれの半句の頭（pauvre … pauvre …, creuse … creuse …）が繰り返される，しかも修辞学の交差配列法（chiasme）とでも呼べようか，Martin と temps，misère と terre という語の間に，更なる音の照応関係を作る．同時に具体的な言葉内容（Martin, terre）を抽象的な観念に結びつけている．このルフランは形式的にしっかり構成されているだけに，歌の最後の句で突然生じる変化が効果的で，聞き手を強く印象づけることになる．この歌全体において，テーマから生じる必然性から，繰り返し法はルフランだけでなく，クープレ couplet（ルフラン以外の，歌詞の部分）においても働いていることが簡単に確認できるだろう．

[35]　**Dors sous la terre, dors sous le temps:** creuser という動詞を，たとえば creuser une question「問題を掘り下げる」のように，比喩的に使うことがあるが，creuser le temps は具体性と抽象性を対比させながら逆転させるブラッサンス独自の比喩の技法だといえる．この効果は，dormir sous le temps でさらに強まる．

ブラッサンス最初の LP の
ジャケット (1953 年)

TEXTE 2 ★★ [CD 1 n° 20]
Le déserteur

Boris Vian

Monsieur le Président[1]   [1]
Je vous fais* une lettre
Que vous lirez peut-être
Si vous avez le temps
Je viens de recevoir   [5]
Mes papiers militaires*
Pour partir à la guerre
Avant mercredi soir[2]
Monsieur le Président
Je ne veux pas la[3] faire   [10]
Je ne suis pas sur terre[4]
Pour tuer des pauvres gens[5]
C'est pas[6] pour vous fâcher
Il faut que je vous dise[7]
Ma décision est prise   [15]
Je m'en vais[8] déserter.

Depuis que[9] je suis né
J'ai vu mourir mon père[10]
J'ai vu partir mes frères
Et pleurer mes enfants   [20]
Ma mère a tant[11] souffert
qu'elle est dedans sa tombe[12]

Boris Vian, *Textes et chansons*, Christian Bourgois, 1993, p. 173–174.

TEXTE 2　LE DÉSERTEUR

[**Contexte**]

「科学上の発見や発明は，常に，ある異常状態を観察したところから始まる」と，名門の国立工業学校を卒業した土木技師ボリス・ヴィアン (1920–59) は好んで語っていました．この原理は彼の創作活動にも，生涯そのものにも当てはまるかもしれません．確かに，戦後のフランスでは，「ヴィアン」は異常な現象でした．アメリカの黒人作家によるハードボイルド小説の翻訳を装った『墓に唾をかけろ』(1947) でスキャンダルを起こした後，ヴィアンは従来の流れにも，一世を風靡した実存主義にも属さない作風を開拓していきます．すなわち小説に詩の技法を，文学に，映画，SF，ジャズ，漫画など異質のジャンルを導入し，時には数学の方法をかりて文章を精密に構築するといった作風です．彼がレーモン・クノー，マン・レイ，マルセル・デュシャン，数学者のフランソワ・ル・リオネ等とほぼ同時期にコレージュ・ド・パタフィジック (Collège de Pataphysique) に参加したことも偶然ではないでしょう (「パタフィジック」は，アルフレッド・ジャリの提案によって，例外を研究し，想像力による解決を求め，相反するものの同一を唱えて発足した「学問」です)．

『うたかたの日々』(1947)，『北京 (ペキン) の秋』(1947)，『心臓抜き』(1953) などの一連の小説が広く読まれ始めたのは，彼が 1959 年に 39 歳で亡くなってから後のことです．大人社会に屈しない，あるいはその圧迫に苦悩する想像界を描く作品は，現在でも，若い世代から熱烈な支持を受けています．未完成に終わった彼の政治哲学エッセー『市民意識論』には，おそらく小説を書いていた頃から持ちつづけていたであろう，社会のあり方についての疑念あるいは深い不安がうかがわれます．自分の生きる時代と立ち向かうために，ヴィアンはあらゆる手段を用いました——ジャーナリズム，評論，演劇，詩，映画，オペラ，そして何よりも音楽．ジャズトランペッター，ジャズ評論家として日銭を稼ぎながら，彼は 450 本以上のシャンソンを書き，自ら歌い，演奏したのです．「原爆ジャヴァ」「肉屋の哀歌」などの有名な曲は，最近まで多くの歌手によって歌われています．「脱走兵 Le déserteur」(ハロルド・ベルグ作曲) は 1954 年 5 月 7 日に，カビリー (アルジェリアの高地地方) の人々の血を引く歌手ムルージ Mouloudji によってはじめて歌われました．それは，血みどろのディエン・ビエン・フーの戦いにより，インドシナ戦争の帰趨が決した当日でした．1954 年は，フランスによる植民地支配の一時代を画する年なのです．フランスがベトナムからの撤退を決めると，ムルージの父の故郷アルジェリアでも，独立を目指した戦いが始まるのです．

[**Notes**]

1. **Monsieur le Président:** 個人的なつながりのない相手に送る手紙は，Monsieur (男性の場合) あるいは Madame (既婚の女性の場合)，Mademoiselle (未婚の女性の場合) の後に，定冠詞に続けて相手の肩書きで呼びかけて始めるのが一般的である．これ以外に，Monsieur le Professeur, Madame la Directrice, Messieurs et Mesdames les Membres du Jury といった呼称もある．相手が親しい間柄の場合，もしくは真心を表したいときには Cher, Chère を使うのが普通である．Ex. Cher ami (友人として扱いたい相手に対して) /

57

4. LE RETOUR DES TROUBADOURS

Et se moque des bombes
Et se moque des vers
Quand j'étais prisonnier [25]
On m'a volé ma femme
On m'a volé mon âme
Et tout mon cher passé[13]
Demain de bon matin[14]
Je fermerai ma porte [30]
Au nez[15] des années mortes
J'irai sur les chemins.

Je mendierai ma vie
Sur les routes de France
De Bretagne en Provence* [35]
Et je dirai aux gens:
Refusez d'obéir
Refusez de la faire[16]
N'allez pas à la guerre
Refusez de partir [40]
S'il faut donner son sang
Allez donner le vôtre
Vous êtes bon apôtre*
Monsieur le Président
Si vous me poursuivez[17] [45]
Prévenez vos gendarmes
Que je n'aurai pas d'armes
Et qu'ils pourront tirer.*

TEXTE 2　LE DÉSERTEUR

　　　Chers clients（会社が顧客に出す手紙）/ Cher Pierre（親しい相手には，こうやって名前を記す）．
　　　ここでの le Président は，共和国大統領（le Président de la République）を指している．フランスでは，大統領に手紙を書くことは，政治的・社会的な問題に対する陳情手段として，広く行われている．
2. **Avant mercredi soir:** 時間を表す前置詞 avant は「のまえに」という意味でよく使われるが，ここでは時間的な期限を表し，「までに」の意味．Ex.: Postez cette lettre avant minuit.
3. **la faire:** la は la guerre を受けている．
4. **être sur terre:**「この世にいる，生きている」という慣用句．
5. **des pauvres gens:** 規範文法では，〈付加形容詞＋名詞〉に付く冠詞 des は de に変わる．しかし，ここでは pauvres gens が 1 つの意味を形成して，それに des が付いている．Ex. des jeunes gens「青年」/ des petits pois「グリンピース」．
6. **C'est pas:** 口語らしく，否定形の ne が省略されている．
7. **Il faut que je vous dise:**〈Il faut que ＋ 接続法〉に注意．
8. **Je m'en vais déserter:** s'en aller は「出て行く，立ち去る」などの意味でよく使われる．しかし，ここは〈s'en aller ＋ 不定法〉で，〈aller ＋ 不定法〉と同じく，「近い未来」を表す(もっぱら主語は je, 時制は直説法現在)．
9. **Depuis que ＋ 直説法:**「～してから，～して以来」．
10. **J'ai vu mourir mon père:**〈voir / entendre などの知覚動詞＋名詞＋不定法〉で，「～が～しているのを見る / 聞くなど」の意味．不定法の代わりに現在分詞・関係節でもいい．Ex.: J'ai vu mes frères qui partaient.
11. **tant ... que:**「とても ... なので～」．Ex.: Elle a tant chanté qu'elle n'a plus de voix.「彼女は歌いすぎて，もう声が出ない」．
12. **elle est dedans sa tombe:** dedans は古い用法で，前置詞として dans の意味を強調するために用いられている．現在では，副詞として用いることに注意しよう．Ex.: Cette chaussure est trop petite; mon pied n'entre pas dedans. 「この靴は小さすぎて，足が入らない」．
13. **tout mon cher passé:**〈冠詞・所有形容詞・指示形容詞＋単数名詞〉の前に置かれる tout は「～全体，～のすべて」という意味．Ex.: Toute cette histoire est inventée.「この話は全部作り話だ」．
14. **de bon matin:**「朝早く」．de bonne heure も同様の意味．bon は名詞の程度・数量を強調する．Ex. un bon moment「かなりの時間」．
15. **Je fermerai ma porte / Au nez des années mortes:** au nez は，さまざまな表現で使われ，ここは比喩的な意味．Ex.: Elle m'a ri au nez.「彼女は面と向かって私を嘲笑した」/ fermer la porte au nez de quelqu'un「～の目の前でばたんとドアを閉める，～を門前払いする」．
16. **la faire:** la は，次に出てくる la guerre を受ける．
17. **Si vous me poursuivez:**〈si ＋ 直説法現在〉は，単なる仮定の表現．なお，未

4. LE RETOUR DES TROUBADOURS

1942年ごろのボリス・ヴィアン

女優マガリ・ノエルと一緒に自作の歌 *Fais-moi mal, Johnny* を「演じる」ヴィアン（1956年）．フランス最初のロックンロール．

TEXTE 2　LE DÉSERTEUR

来の内容でも，si の後には，単純未来形や条件法は用いないことに注意．

[**Lexique**]

[2]　**Je vous fais une lettre:** ありきたりの表現ならば écrire une lettre となるが，faire une lettre はおそらく faire un poème, un livre にならって作った言い方で，書く内容よりも，書くという行為とその現実的な効果を強調している．だが，むしろ，faire は広く，多少とも曖昧に使われているともいえる．こうした言葉づかいから，ごく普通の庶民の声が聞こえてくる．

[6]　**Mes papiers militaires:** 複数の papiers は「書類」の意味で，特に「身分証明書」の意味でよく使われる．papiers militaires「軍隊の書類」という言い方はやや曖昧な，素朴な表現だが，ここでは「召集令状」を指すことがわかる．この言葉づかいからも，民衆の声を聞くことができる．

[35]　**De Bretagne en Provence:**「(北西部の)ブルターニュから(南仏の)プロヴァンスまで」，つまり「フランスの端から端まで」ということ．

[43]　**Vous êtes bon apôtre:** bon は「(道徳的に)よい，立派な」だが，bon apôtre という表現は，反語的に，「聖人ぶる」という意味になる．

[48]　最後の 4 行は，ムルージが歌う際に直した歌詞で，オリジナルは次のようになっていた．

Si vous me condamnez
Prévenez vos gendarmes
Que j'emporte des armes
Et que je sais tirer.

これでは不服従どころか，武装蜂起をそそのかす呼びかけになってしまう．平和主義的な結末に変えたことで，歌が目指す効果が大きくなると考えたヴィアンは，この部分に限ってはムルージの書き換えを受け入れる．しかしながら，ヴィアンは自分でこの曲を歌うとき，ムルージによる書き換えを，これ以外は採用してはいない．なお，フランスでは，この歌の放送は長い間禁じられていた．

1950 年刊の『赤い草』の表紙

TEXTE 3 ★★ [CD 1 N° 21]
Le dernier repas

Jacques Brel

A mon dernier repas* [1]
Je veux voir[1] mes frères
Et mes chiens et mes chats
Et le bord de la mer[2]
A mon dernier repas [5]
Je veux voir mes voisins
Et puis quelques Chinois*
En guise de[3] cousins
Et je veux qu'on y boive
En plus du vin de messe* [10]
De ce vin si joli[4]
Qu'on buvait en Arbois*
Je veux qu'on y dévore
Après quelques soutanes*
Une poule faisane[5] [15]
Venue du Périgord*
Puis je veux qu'on m'emmène
En haut de ma colline
Voir les arbres dormir[6]
En refermant[7] leurs bras [20]
Et puis je veux encore
Lancer des pierres au ciel
En criant Dieu est mort
Une dernière fois

Jacques Brel, *Œuvre intégrale*, Robert Laffont, 1982, p. 254–256.

TEXTE 3　LE DERNIER REPAS

[**Contexte**]
　1953 年，ジャック・ブレル（1929–78）がパリに上京した時，彼の才能を見抜いた人はほとんどいませんでした．ブリュッセルの裕福な厚紙製造業者の家に生まれ，典型的な「地方都市」の，厳格なカトリック教徒のブルジョワジーという環境にはぐくまれた彼の，諭すような調子のなかにも，優しいヒューマニズムが込められた歌は，毒舌のブラッサンスを絶賛していたパリジャンには容易に受け入れがたいものでした．1957 年に「愛しかないとき」（*Quand on n'a que l'amour*）でやっと一般に認められますが，1959 年に発表した *La valse à mille temps*（直訳は「千拍子のワルツ」），*Ne me quitte pas*（日本語タイトル「行かないで」），あるいは *Les Flamandes*（「フランドル女たち」）で，自分の作風を確立します．

　誇張法と婉曲法の間を行き来することばに，高揚しつづけてやまない熱狂的な口調，あるいは反対に，心を引き裂くような率直な問いかけの声を一瞬も緩めることなく，緊張感を吹き込むような作風．この時期からテーマは一段と広がり，愛の苦悩，故郷ベルギーという「平野の国」（*Le plat pays*）のどんよりした空と人々の平凡な顔といった主題のほかに，少年時代や，老いることを，そしてまた，夢と絶望を分かち合う友情を歌っていきます．それらに通底するもう 1 つのモチーフとして，深刻さと，滑稽さとをないまぜにして彼が語ったのは，必ずや訪れる，名もない敵との格闘なのでした．それは時には何らかの幻覚であり，時には死そのものでもありました．

　そして 1966 年，人気の絶頂に達した彼は，有名になってから 10 年も経っていないのに，限界を感じて，歌手としての舞台活動と訣別することを決心します．ただ「嵐のような男」と評されることもあった彼は，舞台をすっかりやめることはできませんでした．1968 年に，ブロードウェイのミュージカル『ラ・マンチャの男』（日本では松本幸四郎がずっと演じてきました）のフランス語版を作り，自らの分身とばかりに，英雄ドン・キホーテになりきって演じたのです．やがて，俳優として 9 本の映画に出演した後，監督としても映画を 2 本撮ります．シャンソンの録音を続けながら，ヨットで海を渡り，自分で操縦する飛行機で空を飛び，晩年には，タヒチ島近くのマルケサス諸島で隠遁生活を送りました．1978 年に肺癌のためパリで亡くなった彼は，画家ゴーガンが埋葬されている場所の近くで眠っています．

　ここに紹介する「最後の晩餐」は 1964 年に発表されましたが，死を歌った曲の中でも代表的な作品です．6 音節の詩行（hexasyllabe）が連なるという，フランス詩の古典的なリズム構造が特徴となっていますので，しっかりと耳を澄ませながら鑑賞しましょう．

[**Notes**]
1. **vouloir + 不定法**:「～したい，～することを望む」．vouloir が直説法なのは，要求を強く示す表現で，ふつうは条件法を使って語気を緩和する．また，vouloir と不定法の意味上の主語が異なる場合は，9 行目のように，〈que + 接続法〉の構文となることに注意しよう．
2. 3 つ以上の語句を並列する場合，最後の前にだけ et を置くのが普通であるが，ここでは et ... et ... et ... と繰り返して，それぞれの語句を 1 つ 1 つ強調し

4. LE RETOUR DES TROUBADOURS

A mon dernier repas [25]
Je veux voir mon âne
Mes poules et mes oies
Mes vaches et mes femmes
A mon dernier repas
Je veux voir ces drôlesses* [30]
Dont je fus[8] maître et roi
Ou qui furent mes maîtresses
Quand j'aurai dans la panse
De quoi noyer[9] la terre*
Je briserai mon verre [35]
Pour faire le silence
Et chanterai à tue-tête[10]
A la mort qui s'avance
Les paillardes romances*
Qui font peur aux nonnettes [40]
Puis je veux qu'on m'emmène
En haut de ma colline
Voir le soir qui chemine*
Lentement vers la plaine
Et là debout encore [45]
J'insulterai les bourgeois*
Sans crainte et sans remords
Une dernière fois

Après mon dernier repas*
Je veux que l'on[11] s'en aille [50]
Qu'on finisse ripaille[12]
Ailleurs que[13] sous mon toit
Après mon dernier repas
Je veux que l'on m'installe
Assis seul comme un roi [55]
Accueillant ses vestales*
Dans ma pipe je brûlerai
Mes souvenirs d'enfance

TEXTE 3　LE DERNIER REPAS

ている．惜別の気持ちの強さの表れである．

3. **en guise de + 無冠詞名詞:**「〜の代わりに，〜として」．Ex.: Une simple corde en guise de portail fermait l'entrée du jardin.「門の代わりに，たった1本のロープで庭の入口が閉じられていた」．

4. **De ce vin si joli:** de ce vin の de は「部分」を表し，「ワインに少しばかり口をつける」といった感じ．Ex.: Donnez-moi de vos nouvelles.「あなたの消息を教えてください」／ perdre de son charme「魅力をいくぶんか失う」．

　　si は「とても」という意味で，si ... que という構文ではないことに注意せよ．joli は「気のきいた味の」といった感じ．

5. **faisane:** faisan「キジ(雉)」の雌は faisane だが，実際は，このように poule faisane ということが多い．

6. **qu'on m'emmène ... voir les arbres dormir:** 移動を表す動詞 emmener に知覚動詞 voir が付いていて，その voir が〈知覚動詞 + 不定法〉の構文となっている．なお dormir が自動詞なので，voir dormir les arbres ともできるが，次の行の en renfermant が dormir と結びつくので，この語順がふさわしい．

7. **En refermant:** dormir という主動詞との同時性を表すジェロンディフ．

8. **fus:** 次の furent と同じく，être の単純過去により，自分が，すでに過去の存在であることが強調される．

9. **de quoi + 不定法:**「〜に必要なもの」．Ex.: Prêtez-moi de quoi rentrer à la maison.「家に帰るお金を貸して下さい」．なお，不定法が省略されることもある．たとえば，Merci.「ありがとう」への返答としての Il n'y a pas de quoi.「どう致しまして」では，remercier という動詞が省かれている．

10. **à tue-tête:**「(頭が割れんばかりに)声を張りあげて」．

11. **que l'on:** si, et, où, que のあとに on を置く場合，母音衝突 (hiatus) を避けるために l'on を用いることが多い (on の語源が homme という普通名詞であったことも想起しよう)．ただし現代の口語ではあまり使われない．

　　では，次の行では，なぜ que l'on finisse ではなく，qu'on finisse となっているのだろうか？　文章語と日常語とが自由に混ざりあった，この歌ならではの個性ともいえなくはないが，韻律上の理由もあるにちがいない．Que / l'on / fi / nis / se / ri / paille では7音節となり，6音節の詩行を守れなくなるからだ．

12. **Qu'on finisse ripaille:** finir ripaille という動詞句はないが，faire ripaille「ご馳走をたらふく食べる」にならって作られた．

13. **ailleurs que:**「〜以外のところで」．Ex.: Ils sont ailleurs que chez eux.「彼らは家以外のところにいる」．

14. **Mes restes d'espérance:** 前の souvenir d'enfance と同様に，慣用句的に用いられているので，espérance は無冠詞．

[**Lexique**]

[1]　**A mon dernier repas:** 人生の終わりを語るために，「最後の食事」を象徴的

65

4. LE RETOUR DES TROUBADOURS

Mes rêves inachevés
Mes restes d'espérance[14] [60]
Et je ne garderai
Pour habiller mon âme*
Que l'idée d'un rosier*
Et qu'un prénom de femme
Puis je regarderai [65]
Le haut de ma colline
Qui danse qui se devine
Qui finit par sombrer*
Et dans l'odeur des fleurs
Qui bientôt s'éteindra [70]
Je sais que j'aurai peur
Une dernière fois

1967年1月6日 R.T.L. 放送局で語り合う、いわゆる戦後のシャンソンの三巨匠、ブレル、フェレとブラッサンス（左から）

な場面として取り上げるという手法．ブレルの世界観を色濃く彩るキリスト教がその1つで，「最後の晩餐」を思い出せばよい．

［7］ **Chinois**: 中国は，まだ遠い存在であった．だが，晩年ジャン・ジョレースという第一次大戦前の社会主義者のフランス人政治家を歌ったブレルにとっては，共産主義者も，思想的な共感を呼ぶものだったのであろう．

［10］ **vin de messe**: カトリックのミサにおいて，その中心的な儀礼に使われているパンと葡萄酒はキリストの身体と血に変わることになっている（「実体変化 transsubstantiation」と呼ばれる）．それは「最後の晩餐」の際キリストが発した言葉（「これはわたしの体である」「これはわたしの血である」）にならって，使徒たちが彼の身体を分かち合い，その精神性をあらためて心の内に取り入れることだ．ミサのワイン（vin de messe）という聖なるものが，普通のワインと同列に扱われて，別の用途に流用されるとなれば，敬虔なふるまいとはいえない．あるいはここに，キリストに擬した詩人自身の「最後の晩餐」が描かれているとも読める．だが，次の節にも現れるように，ブレルのカトリック信仰に対する挑発は，必ずしも単純なものではない．

［12］ **Arbois**: アルプスの麓にあるジュラ県の小さな町で，独特のワインの産地．

［14］ **soutane**: カトリック聖職者の通常服で，60年代初頭にはまだ広く使用されていたが，その後徐々に廃れていった．ここでは比喩的な意味で用いられていて，「カトリックの聖職」を指す．普通は，単数の soutane に一般性を表す定冠詞の la を付けて，比喩的な意味で使うが，dévorer という誇張を受けて複数になった．この表現自体は manger (bouffer) du curé（「宗教に敵意を示す；坊さんを目のかたきにする」）という慣用語的な言い方をさらに強めている．次節の，若い尼さん（nonnette）に向けた挑発も同様である．

［16］ **Périgord**: フランスの西南地方で，現在の Dordogne 県を含む．フォワグラ（foie gras）をはじめ，高級フランス料理の食材の産地．

［30］ **drôlesse**: 「あばずれ女」の意味．ここでは，この言葉は，前の femmes だけ，あるいは前句に出ている女性名詞のすべて，つまり poules, oies, vaches, femmes を，あるいはまた，次の関係節で限定される女たちを受けることも考えられる．いずれの場合でも，女たちを支配する自分を王様に見立てる表現は，自分への皮肉にも，ほら吹きにも聞こえる．ともあれ，ブレルの歌における女性蔑視めいた表現は，矛盾を孕んでいる場合が多い．前の句（mes vaches et mes femmes）のように家畜と並べられている女性たちは，主人公の Je が支配している存在のはずだが，逆に彼を支配する存在としても受けとれる．というのは，maîtresse は「愛人，妾（めかけ）」という意味ではあるものの，前の句に出てくる maître「主人」を受けて，それと対をなす「女主人」という女性名詞ともいえるのだ．冒頭の ou が，その解釈を強調している．また，ここで drôlesse といわれている女性は，歌の最後のところで，「古代ローマの巫女」，もしくは「純潔な乙女」を意味する vestale として生まれ変わる．このように，この歌からは，ブレルの女性に対する複雑な視線が見えてくる．ブレルはたくさんの歌で女や愛を歌ったが，特に不幸な，あるいは絶望的な

4. LE RETOUR DES TROUBADOURS

1964年11月17日のコンサートで歌うブレル

TEXTE 3　LE DERNIER REPAS

愛，または愛の錯覚，愛の懐旧を歌いがちである．もっとも有名な，*Ne me quitte pas*（「行かないで」）が，その代表的な例といえよう．彼の女性像は挫折につながる存在，そして/あるいは絶対的な，理想化された存在として，しばしば描かれる．ここでは，結局のところ，後者が勝ちを収めたといえそうだ．Je は女の名を呼びつつ，最後の息を引きとるのである．

[34]　ブレルならではの誇張法である．こうした強がりは，次の挑発を裏づける死への恐怖を物語っていると解釈すべきか？

[39]　もっと普通の表現でいえば，chanson grivoise「きわどい，猥褻な歌」のこと．昔の軍隊や学生社会では，そうした歌が１つの伝統をなしてもいた．

[43]　人生の終わりの比喩としての soir が擬人化されて，動詞 cheminer と結びついている．

[46]　**insulter les bourgeois:** ブレルが好んで使う表現．*La Bastille* という，1955 年の平和主義を唱えた歌では，ブレルは tout peut s'arranger ... sans insulter les bourgeois「ブルジョアたちを罵らなくても，すべての（社会的な）問題が解決され得る」と，非暴力の革命を歌った．その後，60 年代の風を受けて，ブルジョワを風刺する歌をたくさん作った．

[49]　ブレルの歌は couplet（節）と refrain（繰り返し）が交互に入れ替わるといった，紋切り型の構成を廃したものが多い．この *Le dernier repas* のようにその区別が完全になくなって，反復の効果を節の中に織りこんで，意味の展開にもっと直接的に，もっとダイナミックに働きかけるというのが，ブレルの歌に特徴的な構造といえよう．A mon dernier repas から après mon dernier repas に変わることで，今そこまで守られてきた 6 音節詩行（hexasyllabe）のリズムに「ひねり」が入って，「最期」の瞬間に近づく緊張感が増してくるともいえよう．

[56]　**ses vestales:** Lexique [30] を参照．

[62]　死者には linceul と呼ばれる白布を着せるが，このイメージの延長で，habiller mon âme「わが魂に着せる」という表現が生まれたのか．

[63]　rose という，女性の美しさの常套比喩とは異なり，rosier「バラの木」だと，その棘が連想される．

[68]　**Qui danse qui se devine / Qui finit par sombrer:** ３つの関係節のリズムの変化に注意しよう．なお se deviner は代名動詞の受動的用法で，「かすかに見分けられる」という意味．

　　　視点の変化にも注目．それまでは，丘の頂上とは，そこから風景を眺める場所であったのが，今では，「わたし」はその頂上を下から見上げている．死んでいく je から，その頂上は少しずつ見えなくなっていく．あるいは，je は丘の上に掘られた墓の底ですでに眠っていて，「わたし」は墓の両側に盛られた土が，スコップですくわれ，投げおろされて，少しずつ減っていくのを見ている．それが colline qui danse, qui finit par sombrer と表現されているのかもしれない．すると次の odeur des fleurs は，埋葬の際に参列者が末期の別れとしてお棺の上に花を投げるという習慣と関連づけることができる．

5
Société urbaine, société virtuelle

　現代の都市では，大量の人・モノ・情報が行き交っています．そこは，さまざまな文化装置やシステムが発信され，消費される場ともなっています．ところが，さまざまの社会的・文化的ファクターが働いて，いつのまにか不可視の境界が生まれ，この坩堝（るつぼ）のような空間も区分されていきます．もちろん，境界線はファジーなものですし，時代と共に変化していきます．そして，各区域には，特定の社会階層が支配的になります．たとえば日本語の，「山の手」と「下町」という表現を思い出してみましょう．『新明解国語辞典』（三省堂）を引くと，前者は「サラリーマンが多く住む，高台の土地」，後者は「海・川に近い所に発達した，主として商工業者の住む地域」と定義されています．両者は，単に土地の高低を示すだけではなく，その界隈の社会的・文化的な差異の指標ともなっているのです．その先には，「山の手の令嬢」「下町の人情」といったイメージの世界が広がることになります．そこで，本章ではパリを例にとりあげ，東と西，内と外という対立項をキーワードにして，都市における棲み分けの社会学について考えてみます．

　さて，人・モノ・情報が集まる，特権的な空間であり続けた都市ではありますが，21世紀を迎えると，インターネットという，「ヴァーチャルな公共空間」の急速な発達によって，そのステイタスは相対的に低下しつつあるかに見えます．インターネットでつながれた「地球村」が成立しつつあるのだとも説明されます．では，こうした仮想の共同体（ヴァーチャル・コミュニティ）の時代に，「情報」はいかなる意味を有し，いかなる機能を発揮し，いかなる力を行使しているのでしょうか？「情報」が共有されて「コミュニケーション」が成立するとはどういうことなのか，考察してみましょう．

TEXTE 1 ★★ [CD 2 n° 2-4]
Informer n'est pas communiquer

Dominique Wolton

Avec la mondialisation* de l'information, le moindre événement[1] est rendu visible, et apparemment plus compréhensible. Pour autant, il n'y a pas de lien direct entre l'augmentation du nombre d'informations et la compréhension du monde. Telle est la nouvelle donne du siècle qui s'ouvre[2]: l'information ne crée pas la communication. [1]

[5]

Pendant longtemps, les informations ont été si rares, les techniques si contraignantes, que[3] tout progrès permettant davantage d'informations générait assez logiquement une meilleure compréhension du monde, *a fortiori*[4] une meilleure communication. En un siècle le progrès des techniques a été tel, du téléphone à la radio, de la télévision à l'ordinateur, et aujourd'hui à Internet, que[5] l'on en est venu à assimiler progrès technique et progrès de la communication[6], au point de parler de « village global* » pour ce nouvel espace mondial de l'information. Mais *la communication mondiale demeure un leurre*. Lentement et sûrement l'écart se creuse entre des techniques toujours plus[7] performantes et la communication humaine et sociale nécessairement plus aléatoire. Après dix années folles pour Internet, l'addition est lourde: désormais ils déchantent, ceux qui croyaient qu'au bout des réseaux les hommes et les sociétés communiqueraient mieux[8]. L'emballement des marchés a laissé place à un sévère krach économique. [10]

[15]

[20]

Dominique Wolton, *L'Autre mondialisation*, Flammarion, 2004, p. 17–19.

TEXTE 1　INFORMER N'EST PAS COMMUNIQUER

[**Contexte**]

　今日の世界は「グローバル化した世界」であるとよく言われます．「グローバル化（フランス語では la globalisation）」とは地球（le globe）が1つになる，世界が1つになる（そこで「世界化 la mondialisation」と言われたりします）ということですが，「情報」が伝わることは世界が世界化するための最も基本的な条件の1つでしょう．テレビやインターネットといった「情報通信テクノロジー（la technologie de l'information et de la communication）」は，世界の出来事を一瞬のうちに地球上のどこへでも伝えることを可能にしました．私たちの日常生活には，世界中のあらゆる情報が氾濫するようになりました．しかし，情報のテクノロジーによって世界の人々のコミュニケーションは促進されたのでしょうか．communication は，もともと「共にある関係（être en relation avec）」と不可分であって，人々が共にある「共同体 communauté」や「文化」とも結びつく概念です．急速に発達していくメディアやテクノロジーが，人々が共にある日常生活や文化にどのような影響を与えるのか，「情報」と「コミュニケーション」の対比を手がかりに，皆さんもぜひ考えて見て下さい．著者の Dominique Wolton は現代フランスのコミュニケーション学者，とくにテレビやインターネットと公共性，民主主義，文化的差異に関する著作で知られています．

[**Notes**]

1. **le moindre événement:**「ごく些細な出来事でも」．moindre は petit の比較級で，ここでは定冠詞とともに用いられて，最上級表現となっている．なお，具体的な大小の比較については，もちろん plus petit を使う．Ex.: Il est plus petit que moi.
2. **Telle est la nouvelle donne du siècle qui s'ouvre:** tel は前文の内容を受けて，「以上が」の意味．la nouvelle donne「新たな持ち札／状況」に一致して女性形になっている．なお，その次の deux points (:) は，補足説明・例示・引用などを導く記号である．Ex.: Mais Jacques n'était pas pressé: il était avoué, il avait le temps. (Sartre)「だがジャックは決して急がなかった．自分は代訴人だし，時間があったからだ」．
3. **les informations ont été si rares ... que:**〈si ... que〉の構文である．また les techniques si contraignantes は，動詞が省略されていることに注意．
4. *a fortiori*:「なおさら，まして，いわんや」．a priori や a posteriori などとともに，フランス語でよく使われるラテン語表現で，このようにイタリック体にすることも多い．
5. **tel ... que + 直説法:**「とても ... なので~だ」．
6. **assimiler progrès technique et progrès de la communication:**「技術の進歩とコミュニケーションの進歩を同一視する」．規範文法では，「A と B を同等に置く（同一視する）」は，assimiler A à B となる．しかし identifier A et B という表現に引っぱられて，こういう言い方になったと思われる．
7. **toujours plus:**「ますます~する」．

5. SOCIÉTÉ URBAINE, SOCIÉTÉ VIRTUELLE

La mondialisation de l'information *n'est que* le reflet de l'Occident, lié à un certain modèle politique et culturel. Il n'y a pas d'équivalence entre le Nord et le Sud: la diversité des cultures modifie radicalement les conditions de réception. Si les techniques sont les mêmes, les hommes d'un bout à l'autre de la planète ne sont pas intéressés par les mêmes choses... ni ne font le même usage des informations. L'abondance d'informations ne simplifie rien et complique tout.

En réalité cette mondialisation de la communication a connu trois étapes. La première est liée à la conquête du territoire entre le XVIe et le XVIIIe siècle; la deuxième étape, entre le XIXe et le XXe siècle, a été celle de l'exploitation physique du monde sur un mode qui présupposait que ce monde était « infini ». La troisième étape — celle que nous vivons — nous place devant le fait que le monde est fini, fragile, et que les problèmes de cohabitation entre peuples et cultures sont désormais prédominants.

Pour comprendre l'importance de la dimension culturelle dans la communication, il faut revenir aux caractéristiques mêmes de la communication. Celle-ci comporte trois dimensions: la technique, la politique et les conditions socioculturelles. Si les deux premières dimensions évoluent vite et finalement en parallèle, la troisième est la plus compliquée et la plus lente à se mettre en place[9]. *Les individus modifient moins vite leur manière de communiquer qu'ils ne changent d'outils*[10]. Pour qu'il y ait une « révolution » dans la communication, il faut qu'il y ait une rupture aux trois niveaux. Cette rupture existe aujourd'hui aux niveaux technique et économique, mais il manque encore la troisième dimension[11], qui est aussi la plus importante. Les techniques et les réseaux ne suffisent pas à accroître l'intercompréhension — c'est même l'inverse.

En d'autres termes, *la fin des distances physiques révèle l'importance des distances culturelles*. Curieusement donc, cette troisième phase de la mondialisation, qui était censée nous rendre[12] le monde plus familier, est celle qui, au contraire, nous fait prendre conscience de nos différences. D'où vient cette discontinuité? Du fait que les récepteurs ne sont pas dans

TEXTE 1 INFORMER N'EST PAS COMMUNIQUER

8. **ils déchantent, ceux qui ... :** ils は，ceux qui 以下を受ける．
9. **la plus compliquée et la plus lente à se mettre en place:** 〈名詞・形容詞 + à + 不定法〉で，「～することにおいて」の意味．Ex.: C'était un spectacle pénible à voir.「それは見るも痛ましい光景だった」．
10. **moins vite ... qu'ils ne changent d'outils:** plus que / moins que / autre que などの，「不平等比較」の後では，「虚辞」の ne が用いられることに注意しよう．Ex.: Il agit autrement qu'il ne parle.「彼は言行不一致だ」．
11. **il manque encore la troisième dimension:** 動詞 manquer は，このように，しばしば「非人称構文」をとる．
12. **être censé + 不定法:**「～とみなされている」．
13. **en l'espèce:**「特にこの場合には」．
14. **ces émetteurs diffusant ... :** 分詞節が独自の主語をとる，「絶対分詞構文」であることに注意しよう．Ex.: Le sommeil ne venant pas, j'ai ouvert un livre.「眠くならないので，わたしは本を開いた」．
15. **pour ne pas dire:**「～とはいわぬまでも」．
16. **en matière de + 無冠詞名詞:**「～に関しては，～の問題では」．en la matière という表現もある．Ex.: Il est expert en la matière.「彼はその分野ではエキスパートだ」．
17. **On savait les cultures différentes:**「文化が，それぞれ異なるものだということは，みんな分かっていたのだ」．〈savoir + 目的語 + 属詞〉の表現である．
18. **C'est un certain modèle universaliste ... qui s'effondre:** いわゆる「強調構文」であることに注意しよう．
19. **partant:** 文章語で，「したがって，それゆえ」の意味．

[**Lexique**]

[1] **mondialisation:** n.f. Fait de devenir mondial, de se répandre dans le monde entier. Ex. La mondialisation d'un conflit. 英語の «globalization» のフランス語訳としては，mondialisation および globalisation が使われる．

[15] **Le "village global" / the "global village":** カナダのメディア思想家 Marshall McLuhan (1911–80) が唱えた近未来の社会像．活字メディアの時代が作り出した視覚優位の文化に対して，テレビのような電子メディアは口承的なもの，人間の視覚に基づくような身体的な感覚を復活させて，活字文化が抑圧していた五感の比率を回復させ，個人の中に閉じ込められていた人間たちに，相互の連帯のきずなを取り戻させることができるのではないか，メディアの発達によって人びとの間の距離は縮まり経験を分かち合う「グローバル・ヴィレッジ（地球村）」が実現するだろうという考え方．

[67] **le 11 septembre 2001:** 2001 年 9 月 11 日，アメリカで 4 機の旅客機がハイジャックされ，そのうちの 2 機がニューヨーク貿易センタービルに突っ込み炎上，ワシントンのアメリカ国防省（ペンタゴン）にもう 1 機が突入した同時多発テロ事件．この事件につづいてアフガン戦争，そしてイラク戦争へとい

75

5. SOCIÉTÉ URBAINE, SOCIÉTÉ VIRTUELLE

les mêmes espaces-temps que les émetteurs; et qu'en l'espèce[13], ces émetteurs diffusant[14] majoritairement depuis le Nord, les récepteurs rejettent une information faite sur un modèle occidental — pour ne pas dire[15] américain — et ressentie comme un impérialisme culturel. Il suffit de regarder les réactions de la presse des pays du Sud (et pas seulement musulmans) après le 11 septembre 2001*. Voilà quelle est *la grande révolution de ce début de siècle en matière de communication*[16]: la prise de conscience d'une *discontinuité radicale entre l'émetteur et le récepteur*. Avec pour conséquence l'importance des facteurs socioculturels: le même message, adressé à tout le monde, ne sera jamais reçu de la même manière par chacun.

Tel est le point de départ du XXIᵉ siècle: la rupture entre information et communication, la difficulté de passer de l'une à l'autre. On savait les cultures différentes[17], mais on pensait que la même information pouvait être plus ou moins acceptée par tous. On s'aperçoit du contraire: un fossé se creuse entre information et communication. Cette vérité empirique, on l'avait découverte, parfois douloureusement, au niveau des États-nations*; on la retrouve plus nettement à l'échelle du monde. C'est un certain modèle universaliste — en réalité occidental — de l'information et du lien entre information et communication qui s'effondre[18].

Car ce lien n'a plus la même nécessité: depuis la fin du communisme*, qui a encouragé une certaine liberté de la presse au niveau mondial, et depuis que l'on est entré dans une ère où l'abondance de l'information est économiquement justifiée, le lien direct entre l'information et son acceptation par les destinataires s'est distendu. L'information est liée au message et elle présuppose que celui-ci sera accepté. La communication, en revanche, met l'accent sur la *relation* et, partant[19], questionne *les conditions de la réception*. C'est en quoi elle est toujours plus compliquée que l'information, comme l'avait déjà analysé, au niveau interpersonnel, l'école de Palo Alto*.

TEXTE 1　INFORMER N'EST PAS COMMUNIQUER

　　　　 たった．
[81]　**État-nation:**「国民国家」．
[86]　**la fin du communisme:** 1989 年のベルリンの壁の崩壊，1991 年のソビエト連邦体制の終焉による共産主義体制の終りを指している．
[95]　**L'école de Palo Alto:** 1950 年代にカリフォルニア州西部の Palo Alto に集った，Gregory Bateson, Don Jackson, Paul Watzlawick ら人類学者，精神科学者，コミュニケーション学者らの学際的研究グループ．ベイトソンの「ダブル・バインド」理論のような独自のコミュニケーション理論によって，精神科学のみならずコミュニケーション論の革新をもたらした．

TEXTE 2 ★★ [CD 2 n° 5-8]

Paris——est, ouest et dehors

Monique Pinçon-Charlot et Michel Pinçon

Vous dites que Paris est une des rares capitales où tout est concentré à ce point. [1]

Paris est une toute petite[1] capitale, qui est aujourd'hui totalement close par cette enceinte bruyante et visuelle qu'est le périphérique.[2] Il n'y a pas d'autre exemple au monde d'une [5] capitale de 87 km² (Madrid fait[3] 607 km², Moscou 879 km²)[4], toute ronde et complètement fermée. Un autre aspect, directement lié, est sa densité : 20 000 habitants au kilomètre carré (quand[5] Marseille en a 3 300). À ce niveau-là, on ne trouve que les communes de la proche banlieue... et les villes d'Asie. [10] Un effet de cette concentration, c'est que tout ce qui compte, dans la presse, la haute couture, le cinéma, la finance ou la médecine est toujours à proximité, à l'échelle de la marche à pied.

Vous parlez de cette enceinte qu'est le périphérique, construit [15] **en 1973. Avant, il y avait les fortifications* et, au-delà, « la zone* ».**

« La zone », c'était l'endroit où on était en dehors, en dehors de la ville, de la société, des lois, un endroit marginal et incertain où vivaient apaches et truands. L'habitat y était précaire : c'était [20] une zone militaire, on voulait conserver la possibilité de tout raser en cas de conflit. D'où la présence de chiffonniers à

Libération, 2 janvier 2005.

TEXTE 2　PARIS

[Contexte]

　詩人のヴィクトル・ユゴー Victor Hugo（1802–1885）は，パリが「大きくなっては過去の衣服を破ってゆく子供のように」成長してきたと述べていますが，これは時代とともにちょうど昆虫が脱皮するようにして，城壁を作っては壊しながら次第に拡大してきたこの都市の歴史をみごとに要約した言葉です．しかし成長したとはいっても，現在のパリは首都としては面積がかなり狭いほうで，市民の住環境はけっして恵まれているとはいえません．とりわけこの 2, 30 年は，移民人口の増加にともなって居住区域をめぐる差別化が進行しています．

　本文は，首都の抱えるこうした問題をめぐって *Libération* 紙が Michel Pinçon と Monique Pinçon-Charlot に対しておこなったインタヴュー記事の抜粋です．この 2 人はピエール・ブルデュー Pierre Bourdieu（1930–2002）の流れを汲む社会学者の夫婦で，主に富裕層や支配者層についての研究を共同でおこなってきました．この記事の中で彼らも語っているとおり，パリは西の高級住宅街と東の庶民的地区，経済活動の中心であるセーヌ右岸と文化活動の中心であるセーヌ左岸といった，いくつかの対立軸によって構造化されていますが，中でも深刻な社会問題となっているのは「市内／郊外」という対立でしょう．市の周辺部には中心部に住めない貧しい移民労働者層の団地が集まり，治安がますます悪化しているというのが実態です．2005 年 11 月には，パリ郊外でイスラム系移民の子供 2 人が警官に追われ，変電所に逃げ込んで感電死するという事件をきっかけに大規模な暴動が起こり，フランス全土に飛び火して世界的なニュースになりました．「花の都」といわれるパリが，単なる華やかな観光都市とばかりはいえない複雑な側面をもっていることを物語る事件といえるでしょう．

[Notes]

1. **toute petite:** 形容詞を強める働きをする副詞の tout は原則的に不変だが，子音または有音の h で始まる女性形の形容詞の前でのみ性数変化する．Ex.: Elles sont toutes contentes.「彼女たちは大満足だ」．7 行目の toute ronde も同じ用法．
2. **qu'est le périphérique:** 関係代名詞 que の属詞用法．Ex.: Il n'est plus l'homme qu'il était autrefois.「彼はもう昔の彼ではない」．本文では que の後で主語と動詞が倒置されている．
3. **fait:** 数量が「～になる，だけある」の意味．Ex.: Mon père ne fait que 50 kilos.「父は体重が 50 キロしかない」．
4. **km²:** 読み方は kilomètres carrés.
5. **quand:** 対立・対比を示す用法．alors que, tandis que などと置き換えられる．
6. **large de:**「幅が～だけある」の意味．large だけを直接 espace にかけて，「広い空間」と読まないように注意．
7. **fortifs:** 通常の辞書には載っていない形だが，fortifications の略．
8. **no man's land:** 英語で，対峙する 2 つの軍隊のいずれにも支配されない中間地帯を指す．ここでは「都市」と「郊外」のどちらにも属さない帯状の周辺地帯．

5. SOCIÉTÉ URBAINE, SOCIÉTÉ VIRTUELLE

l'époque, du marché aux puces aujourd'hui, aux portes de Vanves ou de Montreuil*. En même temps, depuis que cet espace large de[6] 400 mètres a été récupéré, entre 1919 et 1930, aucun pouvoir politique n'a jamais eu de plan d'aménagement cohérent, si bien qu'on a reconstitué sur l'espace des fortifs[7] un no man's land[8] entre ville et banlieue. HLM[9], stades, cimetières, chemin de fer de la Petite Ceinture*, boulevards des Maréchaux* et périphérique constituent une barrière difficilement franchissable. C'est comme s'il y avait autour de la ville un fleuve circulaire: on ne peut traverser que par ces ponts que sont les portes de Paris.

[...]

Paris a toujours identifié des indésirables: pauvres, provinciaux, étrangers...

Au XIXe siècle déjà, des politiques très respectables parlaient d'« *invasion des barbares* »[10], de « *tourbe de nomades* » à propos des Auvergnats* qui troublaient l'ordre public quasiment par leur seule présence. Quant aux pauvres, on a souvent eu la tentation de les envoyer au-delà des limites, la banlieue étant vue[11] comme le lieu du bannissement. Cette banlieue n'a pas été peuplée directement par des Gervaise et des Lantier[12], les personnages de *l'Assommoir* de Zola*, qui seraient montés[13] directement de Marseille à Saint-Denis. Quand ils arrivent de province, ils s'installent dans Paris, à la Goutte-d'Or. Et c'est seulement après une socialisation urbaine[14] que Gervaise et Lantier (ou leurs enfants) partent en banlieue. Depuis longtemps, celle-ci est habitée majoritairement par des gens qui ont été expulsés vers la périphérie. Amorcé avec les travaux d'Haussmann*, le processus se poursuit aujourd'hui.

En même temps, la ville de Paris ne peut se passer de la banlieue: elle y a 10%[15] de ses HLM, 80% de ses morts[16] et 100% de ses ordures. Peut-être faut-il[17] voir le débat autour de l'aménagement des Halles* à la lumière des rapports avec la banlieue. Que veut-on rénover? Qu'est-ce qui ne va pas? Les formes architecturales? La population? Les jeunes des banlieues qui se retrouvent là? Est-ce que le nouveau projet qui accorde

TEXTE 2　PARIS

9. **HLM:** habitation à loyer modéré（低家賃住宅）の略．特にパリ郊外などに見られる貧しい公団住宅を指すことが多い．

10. **parlaient d'«** *invasion des barbares* **»:**〈parler de + 無冠詞名詞〉は「〜という言葉を使う」という意味．Ex.: Il parle souvent de droit à la différence.「彼はしばしば差異への権利という言葉を口にする」．79行目の parlent de *gentrification* も同じ用法．「〜について語る」という意味ではないので注意．

11. **la banlieue étant vue:** 現在分詞が独自の主語を持つ「絶対分詞構文」．ここでは主文の理由を補足的に説明する役割を果たす．

12. **des Gervaise et des Lantier:**〈des + 固有名詞〉は「〜のような人々」の意を表す．

13. **qui seraient montés:** 推測を表す条件法過去形．

14. **socialisation urbaine:** 地方出身者が都会の生活になじんで溶けこむこと，すなわち「都市社会への適応」．なお，この後に Gervaise と Lantier（あるいは彼らの子供たち）が「郊外に出て行く」とあるが，物語の中では，最後まで彼らは Goutte-d'Or 界隈を離れないので，ここでは 19 世紀半ば以降にパリに出てきた地方出身者一般のことを述べていると考えられる．

15. **10%:** 読み方は dix pour cent．

16. **80% de ses morts:** パリの死者の 80% が郊外の墓地に埋葬されているということ．

17. **faut-il:** 文頭に peut-être, probablement などの副詞が置かれると，主語と動詞がしばしば倒置される．Ex.: Probablement viendra-t-il ce soir.「彼はおそらく今晩来るだろう」．

18. **Qu'y a-t-il de spécifique:** 疑問代名詞の que, qu'est-ce que, quoi, 不定代名詞の quelqu'un, quelque chose, rien などに，後ろから形容詞をかけるときには，de を介して男性単数形を置く．Ex.: Qu'est-ce qu'il y a de nouveau?「何か変わったことは？」

19. ***gentrification*:** 英語の gentry（上流階級）から派生した名詞で，下町などの「高級化」「上流化」．

20. **en phase avec:** être en phase avec...で「〜と同じ考えである，波長が合っている」の意味．

21. **se reconnaître dans:**「〜のうちに自分の姿を見出す」．Ex.: Il se reconnaît dans son fils.「彼は息子のうちに自分の姿を見ている」．

22. **ce qui reste des classes populaires:** rester de...で「〜のうちから残る」の意味．Ex.: Tout ce qui reste de ma fortune est cette maison.「私の財産のうち残っているのはこの家だけだ」．

23. **« prolos »:** prolétaires の略．

24. **entre-soi:** C'est entre nous.「ここだけの話だ」などの言い方に見られる entre の用法からの造語で，「自分たちだけの人間関係」「内輪の世界」．

25. **tous:** 主語 ils の同格として用いられた代名詞で，発音は [tus]．144 行目の

81

plus de place visuelle à l'espace vert va permettre une transformation de la fréquentation? [60]

Vous remarquez aussi que Paris est une ville très structurée.

C'est, on l'a dit, une ville ronde, une bulle qui a grossi et dépassé cinq enceintes successives* (celles de Philippe Auguste, de Charles V, de Louis XIII, des fermiers généraux et de Thiers). Elle est structurée par l'opposition est populaire / ouest chic, [65] rive droite des affaires / rive gauche de la culture (même si c'est en train de changer). Et puis, il y a l'« axe du pouvoir ». C'est extraordinaire de voir que, du Louvre à l'Arc de triomphe, tous les beaux quartiers se sont construits de la même manière. Les grandes familles de l'aristocratie et de la bourgeoisie [70] bâtissent des hôtels particuliers, ils créent les « belles adresses », un capital symbolique* qui attire commerces de luxe et siège social des entreprises... qui finissent par chasser ces familles.
[...]

À l'est, en revanche, on trouve les bobos. Qu'y a-t-il de spécifique[18] dans la manière dont ils occupent l'espace? [75]

Pour qualifier le retour des catégories intellectuelles plus ou moins fortunées dans les espaces populaires des centres villes, les Américains parlent de *gentrification*[19]. En français, c'est difficile de parler d'embourgeoisement: ces habitants ne sont [80] pas des bourgeois au sens traditionnel. Du coup, ce terme de bobo (pour bourgeois bohème) qui arrive aussi des États-Unis nous plaît parce qu'il décrit de manière assez juste la spécificité de ces habitants: de jeunes adultes en phase avec[20] le libéralisme économique, mais qui affichent des modes de vie très différents [85] de ceux de la bourgeoisie traditionnelle. On est dans la famille recomposée*, les droits de l'homme, l'écologie, la liberté culturelle et le vote socialiste. Et surtout, c'est essentiel, ils se reconnaissent dans[21] les cours pavées de la Bastille*, dans les lofts et les ateliers de la rue Oberkampf*, et investissent les [90] quartiers populaires de l'Est parisien.

TEXTE 2　PARIS

　　　　tous も同じ発音．
26.　**vit:** vivre はここでは他動詞で，「～を経験する」の意味．
27.　**un Paris plus grand:** 固有名詞であっても，付加形容詞がつくと「色々な側面をもった～の中のひとつ」という意味になるので，不定冠詞が必要になる．Ex.: Il faut construire un Japon meilleur au XXIᵉ siècle.「21 世紀には，よりよい日本を建設しなければならない」．

[**Lexique**]
[16]　**fortifications:** パリは第一次世界大戦終了後の 1919 年まで，周囲を城壁に囲まれた要塞都市であった．この壁は 1840 年代に築かれたもので，政治家の Adolphe Thiers (1797–1877) によって工事が進められたことから fortifications de Thiers (ティエールの城壁)と呼ばれる．これが取り壊された跡地がここで言う fortifications で，現在の périphérique (外周環状道路)はこれに沿って 1957 年から 1973 年まで足かけ 17 年をかけて作られた．
[17]　**« la zone »:** パリの城壁が撤去された後，その外周に沿った zone militaire fortifiée (軍事施設地帯)の跡地が行政当局に顧みられぬまま貧民街となっていたため，今日でも大都市周辺部のスラム街を定冠詞付きでこう呼ぶ．
[24]　**portes de Vanves ou de Montreuil:** périphérique からパリ市内に通じる入口が porte で，全部で 35 ある．porte de Vanves はパリの南，porte de Montreuil は同じく東にある入口で，北の porte de Clignancourt と並んで，その周辺に marché aux puces (蚤の市)が立つことで有名．
[29]　**Petite Ceinture:** 19 世紀半ばにはパリにも次々と鉄道駅が建設されたが，いずれも各方面から市内に乗り入れて周辺部で止まる形になっていたため，それらをたがいに連絡させる目的でティエールの城壁の内側に設けられた全長 32 キロメートルの鉄道環状線．今はもう存在しないが，所々に駅や線路の跡が残っている．
[30]　**boulevards des Maréchaux:** périphérique の内側を走る城壁跡の環状大通りには，boulevard Ney, boulevard Suchet, boulevard Jourdan など，過去の Maréchal (元帥)の名前がつけられている．これらを総称した言い方．
[39]　**Auvergnats:** フランス中部，Auvergne 地方の出身者．この地方では 19 世紀になると故郷を離れてパリに移住する者が急増し，首都の庶民的な街区には彼らの同郷人コロニーが形成された．
[44]　***l'Assommoir* de Zola:** 19 世紀の作家エミール・ゾラ Émile Zola (1840–1902) の代表作，『居酒屋』(1877)．主人公の洗濯女 Gervaise は夫の帽子職人 Lantier と共に南仏から上京し，パリ市の北側，Saint-Denis 地区の Goutte-d'Or 街(この街路は現存する)近辺に住みつく．小説の時代設定は主として第二帝政期の 1850 年代で，当事のパリはすでに外周を「ティエールの城壁」に囲まれていたが，その一方で 18 世紀に作られた Enceintes des fermiers généraux (徴税請負人の壁)も内側に残っていたので，一時的に二重の壁に囲まれていたことになる．行政区分上のパリ市はまだ後者の壁の内側のみで，現

83

5. SOCIÉTÉ URBAINE, SOCIÉTÉ VIRTUELLE

Que comprenez-vous de leurs motivations?

Ils ont à la fois un désir de cohabiter avec ce qui reste des classes populaires[22], un désir d'identification avec le Paris rebelle de 1936 et de 1968*. Et peut-être aussi une culpabilité d'occuper les logements dont ont été expulsés les « prolos »[23], les gens avec qui ils disent vouloir cohabiter. En travaillant sur les grands bourgeois, nous nous étions rendu compte qu'ils n'habitaient pas du tout dans les quartiers de l'Est, pas même le Marais* où l'habitat est relativement chic. Depuis la fin du XIXe, on l'a vu, les grands bourgeois vont vers l'ouest, mais ils restent toujours groupés, dans l'entre-soi[24].

Les bobos aussi sont dans l'entre-soi, mais à l'est. Le Marais a été récupéré, puis les ateliers et logements ouvriers du faubourg Saint-Antoine, de Ménilmontant, Belleville*, des quartiers où n'ont longtemps vécu que des gens de milieu modeste. Un des traits des bobos, c'est le refus de l'aspect perçu comme guindé des quartiers de l'ouest. Le VIIe, le XVIe, Neuilly* ... ça ne convient pas à leur mode de vie. Un autre trait, c'est l'affichage d'une volonté de mixité sociale. Mais c'est compliqué. Les bobos créent la mixité sociale en même temps qu'ils la font émerger comme un problème. Il y a chez eux un désir de cohabitation, un « résidentiellement correct »* tout à fait spécifique ... mais qui a une limite. Comme tout groupe humain, ces bourgeois bohèmes accordent une grande importance à la transmission de la principale forme de richesse qu'ils possèdent. En l'occurrence le capital scolaire*. Pour s'assurer de sa transmission qui n'est pas garantie dans les écoles des quartiers populaires où ils résident, ils ont recours à l'enseignement privé, aux fausses adresses, ou aux dérogations.
[...]

L'entre-soi n'est donc pas réservé aux grands bourgeois?

Avec les grands bourgeois, on a une situation expérimentale: on prend des gens qui n'ont aucune contrainte économique, des gens très fortunés depuis plusieurs générations et on regarde leur choix résidentiel. Que voit-on? Ils habitent tous[25] dans quelques arrondissements, voire dans certaines parties

在よりも一回り狭かった．Goutte-d'Or 街は徴税請負人の壁のすぐ外側に位置していたので，正確に言えばこの時点ではまだパリ市には含まれていない．『居酒屋』の冒頭では，明け方になっても帰ってこない夫を待つ Gervaise が，市壁に設けられた barrière（入市税関の門）から大量の労働者たちが市内に吸い込まれていくのを安ホテルの窓からぼんやり見つめるシーンが描かれている．

[51] **travaux d'Haussmann:** ジョルジュ・ウジェーヌ・オスマン Georges Eugène Haussmann（1809–91）は 1853 年，皇帝ナポレオン 3 世によってセーヌ県知事に任命され，首都の大改造に手腕を振るった（口絵 5 を参照）．この事業によって 1860 年にはパリ市がそれまでの 12 区から 20 区に拡大され，徴税請負人の壁は順次取り壊されることになる．現在のパリの原型はほぼこの頃にできあがった．

[55] **aménagement des Halles:** les Halles はパリの中心部にあった「中央市場」．ゾラの小説『パリの胃袋』（1873）にはその活況が克明に描写されている．1969 年，郊外の Rungis に新しい市場が開設されたのに伴って廃止，その後は跡地を利用して大規模な再開発がおこなわれ，1979 年に総合ショッピングセンターの Forum des Halles として生まれ変わった．しかし近年は貧しい若者たちのたまり場となって治安の悪化が問題となっていたため，2004 年には新たな再開発計画が発表されて活発な議論を巻き起こしていた．いわばパリの中心部で「郊外問題」が露呈した形になったわけである．

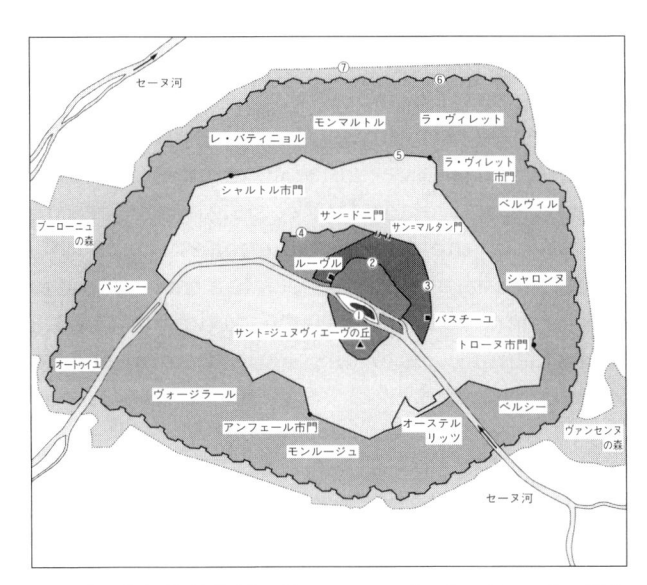

① シャルル 2 世の壁（9 世紀後半）　② フィリップ・オーギュストの壁（12 世紀末）
③ シャルル 5 世の壁（14 世紀後半）　④ ルイ 13 世時代の拡張（17 世紀前半）
⑤ 徴税請負人の壁（18 世紀末）　　　⑥ ティエールの城壁（19 世紀半ば）
⑦ 現在のパリ市の境界

5. SOCIÉTÉ URBAINE, SOCIÉTÉ VIRTUELLE

d'arrondissements: le nord du XVIe, le sud du XVIIe, c'est un entre-soi très marqué. On a très envie d'en conclure que lorsque l'être humain peut choisir, c'est son semblable qu'il choisit. Pourquoi? À cause de ce que Bourdieu a appelé l'*habitus**. Chacun est construit par sa famille, son école, son quartier et se constitue ainsi un ensemble de dispositions linguistiques, alimentaires, esthétiques. Les gens se regroupent parce qu'ils parlent de la même façon et des mêmes sujets, ils ont les mêmes comportements et sont au même niveau social, il n'y a pas les problèmes de hiérarchie qu'on vit[26] déjà au travail, merci. La tendance au regroupement de ceux qui se ressemblent est très visible pour les communautés chinoises ou maghrébines, mais c'est la même chose pour les grands bourgeois du XVIe ou les ouvriers qui restent dans le XIe. Et quand, dans un quartier bourgeois, il reste une poche d'habitat populaire (du côté du Ranelagh* dans le XVIe par exemple), il y a aussi des bistrots ouvriers. Pour tous, il y a le même plaisir à trouver dans son immeuble des gens qui parlent de la même façon que soi. C'est très profond. Et c'est un facteur de ségrégation important.

C'est une tendance inéluctable?

La solution passe peut-être par une plus grande perméabilité de la frontière. Paris et certaines communes limitrophes ont engagé une réflexion allant dans ce sens avec, par exemple, le projet de village olympique des Batignolles*. Delanoë*, comme d'autres, met en avant la mixité sociale à travers une politique ferme de logement social. Mais cette mixité n'est peut-être pas gérable dans la limite des 87 km^2. Peut-être doit-elle s'appuyer sur un Paris plus grand[27].

［63］ **cinq enceintes successives:** ここに挙げられた5つの主要な壁を含めて，現在に至るまでの拡大過程を図で示しておく．

［72］ **capital symbolique:**「象徴資本」．ブルデューの用語で，いわゆる金銭や資産のように具体的な形はとらないが，上品なイメージや高い評判，権威や威厳など，人々の表象に働きかけて支配的な作用をもたらす要素を「資本」としてとらえたもの．

［87］ **famille recomposée:** 子供のいる離婚経験者が再婚して作り直した家庭，すなわち連れ子のある再婚家庭．

［89］ **cours pavées de la Bastille:** バスチーユ界隈，特に faubourg Saint-Antoine 街の周辺には舗石を敷いた中庭が数多く残っている．

［90］ **rue Oberkampf:** 11区の北を東西に走る昔の職人街で，現在はバーやレストランが立ち並ぶ庶民的な地区として知られる．

［95］ **le Paris rebelle de 1936 et de 1968:** 1936年は右翼勢力にたいして人民戦線が選挙で勝利を収め，初めての左翼政権誕生にパリが沸きかえった年．1968年は学生・労働者による大規模な抗議運動（événements de mai，いわゆる「五月事件」）が起こり，パリが騒乱状態になった年．

［100］ **le Marais:** Place des Vosges（ヴォージュ広場）周辺の古い歴史を持つ街区で，16–17世紀の貴族の邸宅が多く残る．一般に庶民的な地区の多いパリ市東部の中では比較的上品な一帯として知られる．

［105］ **faubourg Saint-Antoine, de Ménilmontant, Belleville:** いずれもパリ市東部の庶民的な地区．

［109］ **Le VIIe, le XVIe, Neuilly:** VIIe，XVIe の後には arrondissement が省略されている．7区と16区はパリ市西部のブルジョワ地区，ヌイイは西郊外の高級住宅地．

［113］ **« résidentiellement correct »:** 英語の politically correct（偏った表現や差別的な呼称を中立的な言い回しに置き換えることにより，政治的公正の実現を目指す動きを指す．たとえば「議長」chairman を chairperson と言い換えるなど）をもじった表現で，ある居住地区にさまざまな人が階層や人種を問わずに共住できる状態を実現しようとする考え方．

［117］ **capital scolaire:**「学歴資本」．72行目の capital symbolique と同じくブルデューの用語で，学歴によって獲得される肩書や信用を「資本」としてとらえたもの．

［131］ **ce que Bourdieu a appelé l'*habitus*:** habitus はラテン語で，ブルデュー社会学の中心的概念のひとつ．ある人間の趣味や嗜好，思考様式や行動様式は，その人が社会の中で占めている相対的な位置づけに応じて一定の dispositions（潜在的な傾向性）を帯びており，それらは全体として一貫性を持った1つの体系を構成している．人間の知覚や判断を無意識のうちに規定し方向づけるこの体系を指して，ブルデューは「ハビトゥス」と呼んだ．したがって同じ社会階層の人間は必然的に類似したハビトゥスを持ち，異なる社会階層に属する者同士はハビトゥスも異なるのが普通である．

5. SOCIÉTÉ URBAINE, SOCIÉTÉ VIRTUELLE

ゾラ『居酒屋』、最初の絵入本の扉（1878 年）

TEXTE 2　PARIS

［143］**Ranelagh:** 高級住宅街として知られるパリ市西部 16 区の，Bois de Boulogne に近い区画．この名前を持つ公園がある．
［151］**Batignolles:** パリ市西北部 17 区の一区画で，2012 年のオリンピック開催を目指してこの地区の鉄道跡地に大規模なオリンピック村を建設する計画がもちあがっていた．しかし本命視されていたパリは決選投票でロンドンに敗れたため，この再開発計画も見直しを迫られている．
［151］**Delanoë:** Bertrand Delanoë は 1950 年生まれの社会党系の政治家で，2001 年に左派出身者としてはじめてパリ市長となった．テレビで自分が同性愛者であることを告白し，話題になったことがある．

パリの « zone » の chiffonniers（E. Atget, 1913）

6
Les mots en jeu, l'enjeu du poème

　「詩はむずかしい」．そう言う人がいます．でも，そうでしょうか．詩はストーリーの起承転結にはあまり重点をおかず，いわば単刀直入なやり方で鮮烈な心像（イメージ）や比喩（メタファー）を構成することによって，一挙にものごとや人間心理・感情の核心に迫ろうとします．「夏草や　兵どもが　夢の跡」（芭蕉）．この17音の言葉によって，実に多くのものが喚起され，読み取れます．そこにはリズム感もあります．日本語の性質に即した5・7・5という音数律による口調のよさが意味形成にも暗誦にも役立っています．それと同様にフランスの詩は，そして「枯葉」，「雪は降る」のようなシャンソンの歌詞も，各々の行の末尾に同音，類音を繰り返して響きをよくします．そのため，ときどき構文に変化が起き，ふつうの散文なら，主語―動詞―目的語―状況補語という統辞法を取りますが，詩では，脚韻を踏むために，動詞が末尾に置かれることもあります．しかしそういう倒置形にはすぐに慣れます．また「ジュリエットは白鳥ではないが，烏でもない」（シェイクスピア）とか，「小波の笑いが広がっていった」（漱石）などの比喩的表現は詩に限りません．修辞（レトリック）を工夫し，文体を練ることは，テクストを読んだり，書いたりする喜びと楽しみの中心をなすと言えるほどです．

　優れた詩は，文学作品の精髄を濃密に凝縮しています．ただし一読してすぐに理解できるという文章ではなく，時間をかけてじっくりと何度も繰り返して読むべき文章なのです．「ソネ sonnet」（英語では「ソネット」）という14行の定型詩一篇を熟読すれば，長編の物語や小説，あるいはドキュメンタリーなどに匹敵する1つの世界や宇宙が喚起されているのを味わうこともできるのですから．

TEXTE 1 ★ [CD 2 n° 9–12]
Paroles

Jacques Prévert

I PARIS AT NIGHT*   [1]
Trois allumettes une à une[1] allumées dans la nuit
La première[2] pour voir ton visage tout entier[3]
La seconde[4] pour voir tes yeux
La dernière pour voir ta bouche   [5]
Et l'obscurité tout entière pour me rappeler tout cela
En te serrant[5] dans mes bras.

II SANG ET PLUMES*
Alouette* du souvenir[6]
c'est ton sang qui[7] coule   [10]
et non pas le mien[8]
Alouette du souvenir
j'ai serré mon poing
Alouette du souvenir
oiseau mort joli   [15]
tu n'aurais pas dû venir[9]
manger dans ma main
les graines de l'oubli[10].

Jacques Prévert, *Œuvres complètes*, Gallimard, 1992, vol. 1, p. 106–107, 122, 129, 351.

TEXTE 1   PAROLES

[**Contexte**]

　ジャック・プレヴェール（1900–77）は 20 世紀を代表する詩人の一人．一般にはシャンソン「枯葉」の歌詞や，映画『天井桟敷の人々』（脚本担当）でよく知られています．彼の第一詩集 *Paroles*（1945, 口絵 6）は，1992 年までに 300 万部（翻訳を除く）売れたという記録が残るほどの人気です．日本でも早くから紹介されてきましたが，2004 年に，スタジオ・ジブリのアニメ監督の高畑勲氏による完訳『ことばたち』（ぴあ刊）が出版され，改めて注目されました．

　プレヴェールはシュールレアリストとして出発しながら，早い段階で運動とは袂を分かちました．それが芸術であれ，宗教であれ，政治であれ，あらゆる教条主義に抵抗するのがプレヴェールの姿勢です．甘い抒情性に満ちた詩の一方で，難渋で批判性に富む長編詩も多数存在し，その世界の奥は深いものです．ただしそのいずれにも，血と暴力が噴出しかねないこの世界に，はかなくも信頼に足る愛や生を見ようとする意志が貫かれています．

　プレヴェールの詩のもう 1 つの特徴は，きわめて日常的で使い慣れたことばや語法を用いながらも，それが瑞々しく再生している点でしょう．プレヴェール自身が，コラージュ作品も手がけ，音楽，映画，写真，絵画とさまざまなジャンルの芸術家たちとコラボレーションを試みた点も，再び評価されています．初級の文法が終わっていれば，こんな世界にも出会えるという体験．今回は傾向の違う 4 編の詩を選んでみました．

[**Notes**]

1. **une à une**: un à un（1 つずつ）の女性形で，allumette（n.f.）を受けている．
2. **La première:** La première allumette のこと．
3. **tout entier:** tout は強調で，「～全部，～全体」．
4. **La seconde:** La deuxième と同じ．
5. **en te serrant:** serrer のジェロンディフで，同時性（～しながら）を示す．te は直接目的の人称代名詞．
6. **Alouette du souvenir:**「～よ」という呼びかけの文．
7. **c'est ... qui:** いわゆる「強調構文」である．
8. **le mien:** mon sang のこと．
9. **tu aurais dû + 不定法:**「きみは～すればよかったのに」．devoir の条件法過去の用法で，後悔や非難を示す．ここでは否定形になっている．
10. **les graines de l'oubli:** manger の直接目的語である．
11. **ouverte:** ouvrir の過去分詞（ouvert）の女性単数形．ここでは前にある la porte と性数一致している．avoir を伴う複合過去形では，直接目的補語が avoir より前にある時には，その性数と一致する．この詩では，以下同様の構造が何度も出てくるので，すべて確認したい．
12. **s'est assis:** s'asseoir の複合過去．この場合再帰代名詞 se は再帰的用法（自らを座らせる → 座る）で直接目的なので，assis は主語と性数一致させる．
    quelqu'un は三人称男性単数形．

III LE MESSAGE*

La porte que quelqu'un a ouverte[11]
La porte que quelqu'un a refermée
La chaise où quelqu'un s'est assis[12]
Le chat que quelqu'un a caressé
Le fruit que quelqu'un a mordu
La lettre que quelqu'un a lue
La chaise que quelqu'un a renversée

La porte que quelqu'un a ouverte
La route où quelqu'un court encore
Le bois que quelqu'un traverse
La rivière où quelqu'un se jette[13]
L'hôpital où quelqu'un est mort.

IV POUR FAIRE LE PORTRAIT D'UN OISEAU*

À Elsa Henriquez.

Peindre[14] d'abord une cage
avec une porte ouverte
peindre ensuite
quelque chose de joli[15]
quelque chose de simple
quelque chose de beau
quelque chose d'utile . . .
pour l'oiseau[16]
placer ensuite la toile* contre un arbre
dans un jardin
dans un bois
ou dans une forêt
se cacher derrière l'arbre
sans rien dire
sans bouger . . .
Parfois l'oiseau arrive vite
mais il peut aussi bien mettre[17] de longues années[18]

TEXTE 1　PAROLES

13. **La route ... se jette:** この3行では，動詞が現在形になって臨場感が出ている．
14. **Peindre:**「描くこと」．不定詞の名詞的用法である．以下この詩では，同様の構文が繰り返し使われている．翻訳としては，「～する」「～して」(軽い命令)など，ニュアンスを付けることができるだろう．
15. **quelque chose de joli:**「何かきれいなもの」．quelque chose, rien などの不定代名詞に形容詞を添えるときは de を介して，形容詞は男性単数形とする．
16. **pour l'oiseau:** 意味的には前の文章にかけてもよいし，後ろの文章にかけてもよい．プレヴェールがよく使う手法．
17. **il peut ... mettre:** pouvoir はここでは可能性や推測を示す．「～かもしれない，～しかねない」．
18. **de longues années:** 〈形容詞＋名詞〉に付く不定冠詞 des は de となる．
19. **le:** 不定法(attendre)に代わる中性代名詞で，il faut attendre ～ ということ．
20. **la vitesse ... l'oiseau:** この部分が主語で，「鳥の来るのが早かろうが遅かろうが」という意味．
21. **n'ayant aucun rapport avec:** n'avoir aucun rapport avec「～と何の関係もない」の現在分詞形．理由を示す．
22. **attendre que ＋ 接続法:**「～するのを待つ」．
23. **puis:** d'abord ... ensuite ... (et) puis ... enfin というような一連の言葉は，日常会話ですぐに使えるので，覚えよう．
24. **un à un:**「1つずつ」．男性形なのは，ここでは barreau (n. m) と性数一致しているから．
25. **avoir soin de ＋ 不定法:**「気をつけて～する」．ここで avoir はジェロンディフで同時性(～しながら)を示す．
26. **aucune des plumes de l'oiseau:** aucune は aucune plume のこと．des plumes の des ＝ de ＋ les である．
27. **en choisissant:** choisir のジェロンディフ．同時性を示す．
28. **la plus belle:** branche (n.f) を受けている．
29. **pour l'oiseau:** note 16 を参照のこと．
30. **la poussière du soleil:** 意味的には et が省略されて，並置されている．
31. **se décider à ＋ 不定法:**「～することに決める」．
32. **c'est mauvais signe:**「悪い兆候だ」．
33. **tout doucement:**「そーっと」．tout は副詞の強め．
34. **une:** plume (n.f) を指す．

[**Lexique**]
[1]　詩集 *Paroles* (1945) 所収．マッチ売りの少女の物語を借りた小品の恋愛詩．
[8]　詩集 *Spectacles* (1951) 所収．〈鳥〉と〈血〉というイマージュはプレヴェールの詩の中で，つねに重要な役割を果している．〈血〉はこの世の不条理，突発的な暴力や人間の苦悩などを示す．〈鳥〉は，はかない希望，革命，抵抗，愛する人，生命など，変幻自在な象徴だ．このIIの詩の alouette (ひばり)，そ

95

6. LES MOTS EN JEU, L'ENJEU DU POÈME

avant de se décider
Ne pas se décourager
attendre
attendre s'il le[19] faut pendant des années
la vitesse ou la lenteur de l'arrivée [55]
de l'oiseau[20] n'ayant aucun rapport
avec[21] la réussite du tableau
Quand l'oiseau arrive
s'il arrive
observer le plus profond silence [60]
attendre que l'oiseau entre dans la cage[22]
et quand il est entré
fermer doucement la porte avec le pinceau
puis[23]
effacer un à un[24] tous les barreaux [65]
en ayant soin de[25] ne toucher aucune des plumes de
Faire ensuite le portrait de l'arbre   [l'oiseau[26]
en choisissant[27] la plus belle[28] de ses branches
pour l'oiseau[29]
peindre aussi le vert feuillage et la fraîcheur du vent [70]
la poussière du soleil[30]*
et le bruit des bêtes de l'herbe dans la chaleur de l'été
et puis attendre que l'oiseau se décide à chanter[31]
Si l'oiseau ne chante pas
c'est mauvais signe[32] [75]
signe que le tableau est mauvais
mais s'il chante c'est bon signe
signe que vous pouvez signer*
alors vous arrachez tout doucement[33]
une[34] des plumes de l'oiseau [80]
et vous écrivez votre nom dans un coin du tableau.

TEXTE 1　PAROLES

して，IV の詩の oiseau（鳥）は，何を指しているのだろうか？

[9]　**alouette:**「ひばり（雲雀）」．田畑や荒れ地に住む美しい鳴き声の小鳥．春，雄はさえずりながら舞い上がる．フランス語の童謡に《 Alouette 》というよく知られた遊び歌があり，それを想い出す人もいる．

[19]　詩集 *Paroles*（1945）所収．le message（伝言）がこの詩のどこに隠れているのか？ あるいはこの詩自体が何かの le message なのか？ この詩は一連の映像としても読めるし，複数の場面のコラージュにも読める．謎解きを誘う一編．

[32]　詩集 *Paroles*（1945）所収．À Elsa Henriquez は，プレヴェール詩の挿絵をよく描いた女性画家 エルザ・アンリケへの献辞．その画家に贈られたこの詩の中で，じっと待たれている〈鳥〉とは？ 芸術家の啓示（インスピレーション）を謳った，心寛やかな一編．ただこの献辞を無くして読めば，〈鳥〉の解釈はいかようにも可能だろう．自分さえもが気づかない自分の才能や可能性？ 何度でも鳥籠を用意すること，そして待つこと——これは若い人たちに贈られた詩でもある．

[42]　**la toile:**「油絵（le tableau）を描くためのカンバス」．
[71]　**la poussière du soleil:** 太陽の光がキラキラと輝き落ちて来るのを喩えた語．
[78]　**signer:**「サインをする」．ここでは絵の中に画家の署名を入れること．

TEXTE 2 ★★ [CD 2 n° 13]
Le Dormeur du Val

Arthur Rimbaud

C'est un trou de verdure[1] où chante une rivière
Accrochant[2] follement aux herbes des haillons
D'argent; où le soleil, de la montagne fière,
Luit: c'est un petit val qui mousse de rayons[3].

Un soldat jeune, bouche ouverte, tête nue,
Et la nuque baignant dans le frais cresson bleu,
Dort; il est étendu dans l'herbe, sous la nue,
Pâle dans son lit vert où la lumière pleut[4].

Les pieds dans les glaïeuls, il dort. Souriant comme
Sourirait un enfant malade, il fait un somme:
Nature, berce-le chaudement: il a froid[5].

Les parfums ne font pas frissonner sa narine;
Il dort dans le soleil, la main sur sa poitrine
Tranquille[6]. Il a deux trous rouges au côté droit.

                        Octobre 1870

Arthur Rimbaud, *Œuvres*, éditions de S. Bernard et A. Guyaux, Classiques Garnier, 1991, p. 76.

TEXTE 2　LE DORMEUR DU VAL

[Contexte]

　この詩は，Arthur Rimbaud（1854–91）の *Poésies*（『詩集』）のなかの一篇です．ランボーは，1854 年に北フランス，シャルルヴィル Charleville に生まれた詩人であり，この詩が書かれた 1870 年 10 月には 16 歳でした．ヴィクトール・ユゴー，ボードレールなどの影響のもとに，またフランス・プロシア戦争による第二帝政の崩壊やパリ・コミューンという政治的，社会的現実からも強い刺戟を受けつつ，早熟な才能を開花させ，5 年くらいのあいだに『詩集』『新しい韻文詩』『地獄の一季節』『イリュミナシオン』を書いたあと，文学を断念して，以後ヨーロッパを離れ，エチオピアなどで交易に従事しました．ランボーは自らの思想と文学観を表明した手紙（「見者 Voyant の手紙」と呼ばれる）のなかで，詩人を「人類を担って，火を盗むプロメテウス」に喩えており，文学を創作することを「生を変える changer la vie」（「錯乱 II 言葉の錬金術」）ことに結びつけています．そして「肝心なのは，あらゆる感覚を壊乱させることを通じて未知なるものへ至ることです」と書いていますが，また同時にそれは「1 つの言語を見出す trouver une langue」ことにほかならないとも言っています．つまり文学の任務は言語（という法）に異議を唱え，反抗し，言語活動を変えることにあると主張しています．おそらくこうした点で，ランボーの詩は surréalisme（シュールレアリズム）をはじめ，20 世紀の文学・芸術に大きな影響を与えていると思われます．

　この詩は「見者の手紙」以前の初期の詩篇ですが，背景をなしているのは，1870 年夏に始まったフランス・プロシア戦争です．プロシア軍はライン河を超えてフランスに侵入し，冬にはシャルルヴィルも包囲され，隣町のメジエールは砲撃されました．戦闘で山野に倒れた兵士もいたはずです．友人のドラエーの回想録によれば，この時期，高等学校は戦争のため休校になっていたので，ランボーはルソーなどの読書に耽ったり，詩や小説を書いたり，ドラエーといっしょにシャルルヴィル近郊の山や丘陵，ムーズ河沿いの渓谷などを散策したりしていたということです．

　緑の木々がまばらになった谷間に小川が流れ，太陽の光は溢れるように水面や草木に注いでいますが，「グラディオラスの花のなかに脚を入れて」眠っている「若い兵士」はもう暖かい陽光も豊かな自然も享受できません．一方で旺盛な自然の生命の営みがあり，他方でいきなり生命を奪われた身体が横たわっています．このコントラストから，愚かな暴力のむなしさと惨めさがおのずと際立ちます．こういう情景を詩人は実際に見聞したというよりも，おそらく絵画や版画で見たシーンを基にして，想像力によって構成したのではないかと思われます．木々や草の緑，陽光を浴びて輝く水しぶきの銀色，クレソンのブルー（濃い緑），脇腹に開いた 2 つの穴の赤など，鮮やかな色彩が豊かに浮き出す仕方で絵画的に造形されています．

[Notes et Lexique]

1. **un trou de verdure:** verdure は vert の関連語であり，「（草や樹の）緑」を指す．またそこから，「草木，緑葉，植物」を総体的に示す．trou は「穴，空白，透き間」の意味であるから，ここでは緑の草木の透き間，森林の木々がまばらになった空き地というイメージになる．

99

6. LES MOTS EN JEU, L'ENJEU DU POÈME

Le Dormeur du Val.

C'est un trou de verdure où chante une rivière
Accrochant follement aux herbes des haillons
D'argent ; où le soleil, de la montagne fière,
Luit : c'est un petit val qui mousse de rayons.

Un soldat jeune, bouche ouverte, tête nue,
Et la nuque baignant dans le frais cresson bleu,
Dort ; il est étendu dans l'herbe, sous la nue,
Pâle dans son lit vert où la lumière pleut.

Les pieds dans les glaïeuls, il dort. Souriant comme
Sourirait un enfant malade, il fait un somme :
Nature, berce-le chaudement : il a froid.

Les parfums ne font pas frissonner sa narine ;
Il dort dans le soleil, la main sur sa poitrine
Tranquille. Il a deux trous rouges au côté droit.

Octobre 1870   Arthur Rimbaud

Le Dormeur du Val. 詩人の清書による **Cahiers Demeny** より

左: ランボー．ポール・ヴェルレーヌ画（1872 年 6 月）．
右: 酔っぱらったランボー（左端）．ジェルマン・ヌーヴォー作．

TEXTE 2　LE DORMEUR DU VAL

2. **accrochant:** この現在分詞は rivière にかかる形容詞的用法であり，qui accroche と書き換えることもできる．直接目的語は des haillons d'argent である．haillons はぼろきれの意味であるが，ここでは布のきれはしのイメージを転用して，小川の水しぶきというイメージに結びつけている．陽光を浴びて「銀色に輝く川の水の飛沫」という意味になる．

3. **qui mousse de rayons:** mousser は mousse の動詞形で，自動詞であり，たとえば un savon qui mousse bien「よく泡立つ石鹸」のように使われるのがふつうである．ここでは陽光，光線が溢れるさまを「泡立つ」という言い方で比喩している．

4. **la lumière pleut:** pleuvoir は，本来的には非人称主語の il pleut という形でしか使われない特別の動詞であるが，文学作品では，ときどきこのように普通名詞を主語にして，比喩的な意味で用いることがある．

5. **il a froid:**「彼(= 谷間に眠る人)は寒いのだ」．この言葉は，こうやって森林の空き地に眠る人が，太陽の輝きを享受することはできず，自分を取り巻く豊かな自然の緑の恩恵に浴すこともできないことを示唆している．

6. **tranquille:** この語は，主語である il にかかるのではなく，直前の sa poitrine にかかっている．つまり son cœur ne bat plus という状況を暗示している．

定型詩としてのソネ

　この詩の形式は sonnet（ソネ，英語ではソネット）と呼ばれ，ルネッサンスのころからヨーロッパの詩の伝統をなしています．1つの詩行（vers）は12の音綴（syllabe）で構成されており，アレクサンドラン（alexandrin）と呼ばれます．四詩行（quatrain）あるいは三詩行（tercet）で1つの詩節（strophe）が構成されます．そして 4 + 4 + 3 + 3 と，計14行で全体が構成されています．

　韻律の響きの快さは12シラブル（アレクサンドラン）の口調のよさにもよりますが，主として脚韻（rime）の共鳴によっています．たとえば rivière と fière，haillons と rayons とが韻を踏んでいます．前者を女性韻，後者を男性韻と呼びます．第二ストロフの nue と nue，bleu と pleut も韻を踏んでいます．残りの部分の押韻を指摘してみてください．そしてフランス人による朗読によく耳を傾け，ぜひ自分でも声を出して朗読して下さい．

　この詩は定型韻文詩ですが，少し規則から外れた箇所もあります．第2詩行から第3詩行にかけて des haillons d'argent という言い回しがありますが，d'argent の部分が第3詩行の冒頭に送られています．これは rejet（送り）と呼ばれ，古典的な作詩法では避けるべきだとみなされています．しかしランボーはこの詩においてこういう「送り」をあえて多用しています．その理由は，詩行の冒頭に置かれた言葉を強調し，読者にとって印象深いものにするためです．

　なお，次のテクスト，ボードレールの「猫」（*Les Chats*）も，少し変格ですが，同じく「ソネ形式」によって書かれています．意味内容を読み取ると同時に，押韻の仕方や韻律の響きのよさにも注目してみましょう．

TEXTE 3 ★★★ [CD 2 n° 14]
Les Chats

Charles Baudelaire

Les amoureux fervents et les savants austères [1]
Aiment également, dans leur mûre saison,
Les chats puissants et doux, orgueil[1] de la maison,
Qui comme eux sont frileux et comme eux sédentaires[2].

Amis de la science et de la volupté, [5]
Ils cherchent le silence et l'horreur des ténèbres;
L'Érèbe* les eût pris pour ses coursiers funèbres,
S'ils pouvaient au servage incliner leur fierté[3].

Ils prennent en songeant les nobles attitudes
Des grands sphinx* allongés au fond des solitudes*, [10]
Qui semblent s'endormir dans un rêve sans fin;

Leurs reins féconds sont pleins d'étincelles magiques,
Et des parcelles d'or, ainsi qu'un[4] sable fin,
Étoilent vaguement leurs prunelles mystiques.

Charles Baudelaire, *Œuvres complètes*, éditions de C. Pichois, Gallimard, « Pléiade »,
Tome 1, 1975, p. 66.

TEXTE 3　LES CHATS

[Contexte]

　ボードレール（1821–67）は近代フランスの代表的詩人で，美術批評家としても知られています．この作品は，詩人が20代で公にしていた数少ない詩篇の1つで，友人の小説家シャンフルーリの文章中に，トロットという名の猫を前にして詩人自らが朗読した作品として挿入されました．その後何度も雑誌などに再録され，ボードレールの生前，最もよく知られていた詩の1つでした．

　ボードレールの猫に対する愛着ぶりは，当時から話題にされることが多く，詩人と猫を描いた風刺画や挿絵が存在するほか，詩人と猫をめぐっては，脚色や誇張を施された様々な逸話が流布していました．

　詩集『悪の華 Les Fleurs du Mal』（1857）には，この詩を含め，「猫」と題された詩が三編あります．他の二編の題が単数の「猫」（Le Chat）であるのに対して，この詩は複数の「猫」（Les Chats）となっています．一般的に，単数定冠詞は種を抽象的に示し，複数定冠詞は，具体的な個物の総体としての種全体（種の外延）を表します．この詩でも，抽象的な「猫なるもの」の属性ではなく，個々の具体的存在の総和としての猫全体が描写されています．

　またこの詩では，タイトルの「猫」だけでなく，数多くの名詞が複数形に置かれています（amoureux, savants, amis, ténèbres, coursiers, attitudes, sphinx, solitudes, reins, étincelles, parcelles, prunelles）．音韻面でも，脚韻については勿論，脚韻以外の部分でも同じ音が繰り返し現れ，様々な面での複数性が強調された作品といってよいでしょう．

　この詩は，1960年代に，言語学者のロマン・ヤコブソンと，文化人類学者のクロード・レヴィ＝ストロース（3–3を参照）によって，意味的・形式的な，機能や構造の分析が試みられた作品としてよく知られています．

　ヤコブソンとレヴィ＝ストロースは，この詩を，初めの6行，中央の2行，最後の6行という3つの部分に分けることも可能であると考え，第一の部分で日常の時空に置かれていた猫たちが，第二の部分のエレボス神を媒介として，第三の部分では，ついに超自然的な世界に導き入れられるのだと指摘しました．

　しかし，その不動の姿がスフィンクスに比較され，その「神秘の瞳」には，黄金の薄片が，星のようにちりばめられているという，この「超自然的」，「神話的」存在となった猫たちが，同時にまた，第一の部分で描かれた，恋人や学者たちの日常的，現実的空間に棲息する「自然の」ままの猫たることを決してやめてはいないことにも注意しておくべきでしょう．それは，われわれの誰もが知るあの猫たち，人間を容易に寄せ付けぬ「気高い姿勢」で，あたかも永遠の夢を見ながら眠っているかのような，あの猫たちに他なりません．

[Notes]

1. **orgueil:** 直前の Les chats puissants et doux の同格．
2. **Qui comme eux sont frileux et comme eux sédentaires:** ＝ Qui sont frileux et sédentaires comme eux. このような倒置は散文では許されない．こうした，詩の中でのみ許される規則上の例外を，「詩的許容」（licence poétique）と呼ぶ．

6. LES MOTS EN JEU, L'ENJEU DU POÈME

ボードレール．マネ作のエッチング（**1865–68?**）

猫とボードレール．モラン作，
シャンフルーリ『猫たち』（**1869**）より

TEXTE 3　LES CHATS

3. **L'Érèbe les eût pris pour ses coursier funèbres, / S'ils pouvaient au servage incliner leur fierté:** 条件節(8行目)は直説法半過去なので，現在の事実(ここでは猫たちの普遍的性格)に反する仮定である(au servage incliner leur fierté は倒置．散文では incliner leur fierté au servage という語順になる)．帰結節は接続法大過去で，これは別名「条件法過去第2形」とも呼ばれる．「猫たちはその誇りを隷属の方へと向かわせることができない(＝誇りを捨てて隷属に甘んじることができない)動物だが，仮にそれができる動物であったなら，その場合は，太古においてエレボスが，～したことであったろう」．

4. **ainsi que:**「あたかも～のように」の意(＝ comme)．Ex.: Chaque fleur s'évapore ainsi qu'un ensensoir. (Baudelaire, *Harmonie du soir*)

[**Lexique**]

[7]　**Érèbe:**「エレボス」．冥界の擬人神で，冥界神ハデスと同一視されることもあった．ここでは，自らの駿馬を駆って，ペルセポネを冥界に連れ去ったというハデスの逸話を踏まえている．

[10]　**sphinx:**「スフィンクス」．①「エジプトの，人面獅子体の巨大彫像」，②「(①をモデルとした)ギリシャ神話に登場する人面獅子体の怪物」の2つを指すが，ここでは①の意味．

[10]　**solitudes:**「人里はなれた場所，無人の地」ということ．

7
Vu de loin, vu de près

　日々の暮らしで日本語を用いるのは，わたしたちにとってまったく自明のことのように思えます．日本語を捨てなければならない，といった状況に自分が陥るなどと，わたしたちには想像さえできないのではないでしょうか．

　しかしながら，歴史の荒波の中で，母語の使用を断念するように追い込まれた人々の数は，決して少なくありません．そのとき，異なる言語への「移住」は，どのように生きられたのでしょう？　間違いなくそれは，本人にとって，きわめて過酷な体験だったに違いありません．

　今日，異なる文化と出会い，触れ合う機会はいよいよ増してきており，そこにはさまざまな形で，越境への可能性が開かれています．ところがそんな流れの中でわたしたちは，「違い」をつい短絡的に「優劣」で置き換えてしまってはいないでしょうか．たとえば，イスラーム教徒の移民が西欧化していくのは当たり前のこととみなされがちです．しかし，イスラーム教の魅力に惹かれて白人が改宗するとしたら，突拍子もない話だと受け止める人は多いでしょう．

　そうした判断の「自然さ」を，一度は疑ってみたいものです．立場を異にする者同士の対立，葛藤が至る所で深刻な事態を引き起こしているいま，わたしたちに必要なのは物事を相対化してとらえる忍耐強さでしょう．遠くから見たり，近くから見たり，視点をずらして考える能力が，現代社会を生きる人間には必須です．フランス語を読み解くことは，そうした複眼的な思考を養うための第一歩となるはずです．

TEXTE 1 ★ [CD 2 n° 15–16]
L'analphabète*

Agota Kristof

Un jour, ma voisine et amie[1] me dit: [1]
— J'ai vu une émission à la télévision sur des femmes ouvrières étrangères. Elles travaillent toute la journée en usine, et elles s'occupent de leur ménage, de leurs enfants, le soir.
Je dis: [5]
— C'est ce que j'ai fait en arrivant en Suisse.
Elle dit:
— En plus, elles ne savent même pas le français[2].
— Je ne le savais pas, moi non plus[3].
Mon amie est ennuyée. Elle ne peut pas me raconter l'histoire [10] impressionnante des femmes étrangères vues[4] à la télévision. Elle a si bien oublié mon passé qu'elle[5] ne peut imaginer que j'aie appartenu à cette race de femmes qui ne savent pas la langue du pays, qui travaillent en usine et qui s'occupent de leur famille le soir. [15]
Moi, je m'en souviens[6]. L'usine, les courses, l'enfant, les repas. Et la langue inconnue. À l'usine, il est difficile de se parler[7]. Les machines font trop de bruit. On ne peut parler qu'aux toilettes[8], en fumant une cigarette en vitesse.
Mes amies ouvrières m'apprennent l'essentiel. Elles disent: [20] « Il fait beau », en me montrant le paysage du Val-de-Ruz*. Elles me touchent pour m'apprendre d'autres mots[9]: cheveux, bras, mains, bouche, nez.

Agota Kristof, *L'Analphabète*, Éditions Zoé, 2004, p. 51–55.

TEXTE 1   L'ANALPHABÈTE

[**Contexte**]

　伝統的に，移民に対して寛大な国であると自負するフランスは，19 世紀以降，東欧やロシア，アルジェリアやモロッコ，さらにはカンボジアや中国まで，さまざまな国からの移民，難民を受け入れてきました．同時にフランス文化は，異国の才能に対して開かれた柔軟性を特色とし，誇りともしてきたのです．絵画のピカソ，音楽のストラヴィンスキーなどは有名な例でしょう．文学においても，「フランス文学」の富には，外国からやってきた作家たちによる作品が多く含まれています．

　ここに取り上げる小説家アゴタ・クリストフ（1935–）は，『悪童日記』（原題は *Le Grand cahier*, 1986）および続編『ふたりの証拠』（*La Preuve*, 1990），『第三の嘘』（*Le Troisième mensonge*, 1992）が日本でも広く読まれている作家です．無駄な表現を削ぎ落とした文体の迫力で知られるアゴタですが，ハンガリー生まれの彼女にとって，フランス語はそもそもまったく無縁の言葉でした．1956 年，ハンガリーではソビエト連邦による支配に抵抗し，ハンガリー国民による新政府樹立をめざす運動が起こります．しかし，このいわゆる「ハンガリー動乱」——現在のハンガリーでは「ハンガリー革命」と呼ばれているようです——は，ソ連軍によってたちまち押しつぶされ，25 万人ものハンガリー市民が亡命を余儀なくされました．当時まだ 21 歳のアゴタ・クリストフもその一人でした．乳飲み子を抱えて夢中で国境を越えた彼女がたどりついた先が，スイスのフランス語圏だったのです．ハンガリーではすでに若き詩人として活躍し始めていたのに，彼女はそこでまったくのゼロから，未知の言語を学ばなければなりませんでした．以降の苦しい道のりをふりかえった自伝的エッセーの一部分を読んでみましょう．

[**Notes**]

1. **ma voisine et amie:** 所有形容詞 ma は voisine と amie の両方にかかっている．

2. **elles ne savent même pas le français:** même は形容詞および副詞として用いられる．副詞としては大別して ①「～さえ」，②「まさに，ちょうど」，の 2 通りの意味になる．ここは ① の用法．Ex.: Même ses parents ne le savaient pas. 「両親でさえそれを知らなかった」/ Je l'ai rencontré ici même. 「彼とまさにここで出会った」．

3. **moi non plus:** non plus は aussi の否定形．Ex.: Je n'ai pas vu ce film, lui non plus. 「私はその映画を見なかったし，彼も見ていない」．

4. **vues:** voir の過去分詞 vu の女性複数形．過去分詞は単独で用いられて，形容詞的に機能する．次のように関係詞を使って書き換えることができる．femmes étrangères vues à la télévision = femmes étrangères qu'elle avait vues à la télévision

5. **Elle a si bien oublié mon passé qu'elle ...:** 〈si ... que + 結果節〉は「とても，あまりに ... なので」の意味．

6. **je m'en souviens:** en は前の段落で語られている j'aie appartenu à cette race de femmes 以下の内容を受けている．その内容がさらに，L'usine, les courses,

7. VU DE LOIN, VU DE PRÈS

Le soir, je rentre avec l'enfant. Ma petite fille me regarde avec des yeux écarquillés quand je lui parle en hongrois.

Une fois, elle s'est mise à pleurer[10] parce que je ne comprends pas, une autre fois, parce qu'elle ne me comprend pas.

Cinq ans après être arrivée en Suisse, je parle le français, mais je ne le lis pas. Je suis redevenue une analphabète[11]. Moi, qui savais lire à l'âge de quatre ans.

Je connais les mots. Quand je les lis, je ne les reconnais pas. Les lettres ne correspondent à rien. Le hongrois est une langue phonétique*; le français, c'est tout le contraire.

Je ne sais pas comment j'ai pu vivre sans lecture[12] pendant cinq ans. Il y avait, une fois par mois, la *Gazette littéraire hongroise*[13] qui publiait mes poèmes à l'époque; il y avait aussi les livres hongrois, des livres le plus souvent déjà lus, que nous recevions par correspondance[14] de la Bibliothèque de Genève, mais qu'importe, il vaut mieux relire que de ne pas lire[15] du tout. Et, heureusement, il y avait l'écriture.

Mon enfant va bientôt avoir six ans, elle va commencer l'école.

Moi aussi, je commence, je recommence l'école. À l'âge de vingt-six ans, je m'inscris aux[16] cours d'été de l'Université de Neuchâtel*, pour apprendre à lire. Ce sont des cours de français à l'intention[17] d'étudiants étrangers. Il y a là des Anglais, des Américains, des Allemands, des Japonais, des Suisses alémaniques*. L'examen d'entrée est un examen écrit[18]. Je suis nulle, je me retrouve avec des débutants.

Après quelques leçons, le professeur me dit:

— Vous parlez très bien le français. Pourquoi êtes-vous dans un cours de débutants?

Je lui dis:

— Je ne sais ni lire ni écrire. Je suis une analphabète.

Il rit:

— On verra[19] tout cela.

Deux ans après, j'obtiens mon Certificat d'Études françaises[20] avec mention honorable.

Je sais lire, je sais de nouveau lire. Je peux lire Victor Hugo, Rousseau, Voltaire, Sartre, Camus, Michaux, Francis Ponge,

TEXTE 1　L'ANALPHABÈTE

l'enfant, les repas 以下で具体的に語られていく．À l'usine 以降，現在形が用いられているが，意味としては過去である．

7. **se parler:** 再帰代名詞の相互的用法．Ex.: Ils ne se parlent plus.「彼らはもう互いに口をきかない」．
8. **On ne peut parler qu'aux toilettes:** 〈ne...que〉は制限を示し，「...しか～ない」の意味．que の短縮に注意．
9. **d'autres mots:** d' は，複数形の名詞の直前に形容詞がついて，不定冠詞 des が de となったものの短縮形．
10. **elle s'est mise à pleurer:** se mettre à + 不定法 = commencer à + 不定法．
11. **Je suis redevenue une analphabète:** (re)devenir の後の名詞は être の後と同じく，属詞であり，原則として無冠詞でよい．不定冠詞がつくと「(具象的な)ひとりの～」というニュアンスが加わる．
12. **sans lecture:** 〈sans + 無冠詞名詞〉の場合，〈pas de + 無冠詞名詞〉の場合と同様，名詞の存在は絶対的に否定される．Ex.: Il est sans argent.「彼は一文無しだ」．
13. *Gazette littéraire hongroise:*『ハンガリー文芸雑誌』．ハンガリー語の作品を掲載する雑誌だと思われる．
14. **par correspondance:**「郵便で，郵送で」．
15. **de ne pas lire:** 不定法の否定形は〈ne + 動詞 + pas〉とせず，〈ne pas + 動詞〉の語順にする．
16. **s'inscrire à:**「～に登録する，申し込む」．
17. **à l'intention de:**「～のための，～向けの」．
18. **examen écrit:**「筆記試験」．反対語は examen oral「口述試験」．
19. **On verra:** verra は voir の単純未来形．On verra は「どうなるか，まあ様子を見てみよう；そのうちわかりますよ」といった意味の慣用表現．
20. **Certificat d'Études françaises:**「フランス語修了証書」．
21. **je vais voir..., je vais voir:** je vais voir の反復によって，たえず辞書を引いているさまが表現されている．
22. **comme l'écrivent les écrivains...:** 主語 les écrivains français de naissance と動詞 écrire が倒置されている．
23. **comme je le peux:** 中性代名詞 le のさすものは直前の動詞 écrire．では je l'écrirai の l' (= le) や，前の行の l'écrivent の l' (= le) がさすものは何か？
24. **du mieux que je le peux:** le mieux は名詞で「最もよいもの；最善；最高」．ここでは「できる限り」という意味の慣用表現に用いられている．de mon mieux あるいは du mieux possible という言い方も可能．
25. **j'y suis obligée:** 中性代名詞 y がさしているのは直前の Écrire en français という事態 (= je suis obligée à écrire en français)．

[**Lexique**]

[0]　**analphabète:** alphabet はもちろん「アルファベット」．それに否定の接頭辞

7. VU DE LOIN, VU DE PRÈS

Sade*, tout ce que je veux lire en français, et aussi les auteurs non français, mais traduits, Faulkner, Steinbeck, Hemingway*. C'est plein de livres, de livres compréhensibles, enfin, pour moi aussi.

J'aurai encore deux enfants. Avec eux, j'exercerai la lecture, l'orthographe, les conjugaisons. [65]

Quand ils me demanderont la signification d'un mot, ou son orthographe, je ne dirai jamais:

— Je ne sais pas.

Je dirai: [70]

— Je vais voir.

Et je vais voir dans le dictionnaire, inlassablement, je vais voir[21]. Je deviens une passionnée du dictionnaire.

Je sais que je n'écrirai jamais le français comme l'écrivent les écrivains français de naissance[22], mais je l'écrirai comme je le [75] peux[23], du mieux[24] que je le peux.

Cette langue, je ne l'ai pas choisie. Elle m'a été imposée par le sort, par le hasard, par les circonstances.

Écrire en français, j'y suis obligée[25]. C'est un défi.

Le défi d'une analphabète. [80]

Agota kristof, *L'analphabète*, 表紙

TEXTE 1　L'ANALPHABÈTE

an を付して作られたこの単語は，「アルファベットを知らない者」，つまり「読み書きのできない者」を意味する形容詞・名詞である．アゴタ・クリストフの母語であるハンガリー語 le hongrois は，アルファベットこそフランス語と同じだが，インド・ヨーロッパ語系の言語ではなく，ウラル系語族に属し，文法的には北方アジアの言葉と共通する特徴を持つ．亡命するまでフランス語を学んだことのなかったアゴタにとって，フランス語はきわめて異質の，親しみにくい外国語だったといえるだろう．ともあれ，analphabète はネガティヴな迫力を発する単語であり，作家アゴタ・クリストフがみずからを une analphabète だったと称することには，一種ショッキングな効果がある．

[21] **Val-de-Ruz:**「ヴァル・ド・リューズ」，スイス・ヌーシャテル州の渓谷地帯．ジュラ山脈を背に，緑に包まれた風景が続く．

[33] **phonétique:** 言語学用語で「音声の」「音声学の」という意味．Ex. écriture phonétique「表音文字」．ただしここでの用法はそうした辞書的な意味をいささか外れており，「発音と綴りが一致した」という風な意味で取る必要がある．le français, c'est tout le contraire とあるが，言うまでもなくフランス語も，「表音文字」による言語である点ではハンガリー語と変わりがない．表音文字の反対は écriture idéographique「表意文字」で，たとえば漢字は表意文字である．

[45] **Université de Neuchâtel:** ヌーシャテル大学．スイスのフランス語圏，ヌーシャテル州の州都にある．

[48] **Suisses alémaniques:** alémanique は「アレマン語(の)」．アレマン語とは，ドイツ西南部，アルザス地方，そしてスイスで話されているドイツ語のこと．それに対し，「スイスでフランス語を用いている」という意味の形容詞は romand(e) である．なお，2–1 のコラム「スイスの言語状況」を参照のこと．

[61] **Victor Hugo, Rousseau, Voltaire, Sartre, Camus, Michaux, Francis Ponge, Sade:** ヴィクトル・ユゴーは 19 世紀の詩人・小説家．ルソー，ヴォルテールは 18 世紀の啓蒙思想家・作家．サルトル，カミュは 20 世紀の作家・思想家，ミショー，フランシス・ポンジュは 20 世紀の詩人．サドは 18 世紀の作家．いずれもフランス文学史上の重要な存在である(ただしルソーはスイス生まれで，ミショーはベルギー生まれ)．

[62] **Faulkner, Steinbeck, Hemingway:** フォークナー，スタインベック，ヘミングウェイ．いずれも 20 世紀アメリカを代表する作家．

TEXTE 2 ★★★ [CD 2 n° 17–18]
Le ramadan

Xavier Ternisien

Elle parle avec une certaine gouaille[1] dans la voix, sous le foulard bleu marine qui encadre sa figure et cache ses cheveux. Un accent des faubourgs, ou plutôt des banlieues. Elle est intarissable quand elle parle de sa foi. Bekhta est venue à Paris la veille du ramadan[2]. Pour prier à la mosquée, et aussi pour faire[3] ses dernières courses dans le quartier de Belleville*. Elle a acheté des épices pour la chorba[4], la soupe riche et nourrissante qu'on sert après la rupture du jeûne. Comme toutes les cuisinières, elle a sa recette, son secret. « *J'y mets des tomates pelées, des oignons, des pois chiches, des petits morceaux de viande. Et puis les épices. De la cannelle, du carvi et surtout de la coriandre[5]. J'aime beaucoup la coriandre . . .* »

Tout cela en quantité[6]. Car, chaque soir de ramadan, le même rituel va se répéter: on mange les dattes pour rompre le jeûne, et puis la chorba. Bekhta aime aussi faire son pain pendant le mois sacré. Tout cela prend un petit air de fête. Les enfants apprécient. Du moins au début. Car ils se lassent vite de la soupe et de la cuisine traditionnelle. « *Eux, c'est plutôt McDo et pizzas* », constate Bekhta avec résignation. Pourtant, elle est fière de sa progéniture, et cela se sent. Son aîné fait des études de droit, pour être avocat. Les deux autres sont encore au lycée.

La famille habite un pavillon[7] « *dans un patelin du Val-*

Le Monde, 20 novembre 2001.

TEXTE 2 LE RAMADAN

[**Contexte**]

　ラマダーンは，ヒジュラ暦（イスラーム太陰暦）の第9月の名で，イスラーム教徒が定める五行の1つである断食がおこなわれます．イスラーム教徒は，1ヵ月間，日の出から日没まで飲食，喫煙，性行為を禁じられ，唾を飲み込むことさえ忌避する敬虔な信者もいます．食事は，日の出ていない時間帯に摂りますが，まずナツメヤシやミルクから始め，通常の時期よりも手の込んだ豊かな料理を，家族や仲間などと一緒に楽しむのが普通です．旅行者，病弱者，高齢者，子供などは断食を免除されます．生理中の女性も断食をおこないませんが，次のラマダーンまでに，免除された日数分の断食をしなければなりません．ラマダーンの月に断食をするのは，神がムハンマドに初めて啓示を与えた月に当たるということに由来します．忘れてはならない啓示を，また神が与えるものの尊さを，欠乏の苦しみによって確認するために断食をおこなう一方，クルアーン（コーラン）を読み，施しをしながら信徒間の連帯意識を高めるのです．断食が終了するのは，第10月（シャウワール）の初日．イード・アル・フィトル（断食明けの祭り）がおこなわれ，本文中にあるように，特別な菓子などでそれを祝います．なお，ヒジュラ暦の元年1月1日は，ムハンマドがマッカ（メッカ）からマディーナ（メディナ）へ移住（ヒジュラ）した，西暦622年7月16日です．ヒジュラ暦の1年は354日であるため，ラマダーンをはじめとする行事は，太陽暦から見ると年に11日ほどずれてゆきます．

　いまやフランスにおいてカトリックに次ぐ第2の宗教となっているイスラーム．500万人を数える信徒のうち，約70%が断食を実践するとされています．このテクストでは，国籍上も，社会学的にもフランス人であるような人々が断食を実践し，行事を通じて他の周囲の人々と交流する様子が，好意的なまなざしで描かれていると言えるでしょう．1990年代，「多文化的で，肌の色もさまざまなフランス」というスローガンが広まりました．しかし，2001年9月11日の同時多発テロ以来，社会全体が内向きになり，イスラーム教徒に対する見方が厳しくなっていることは否定できません．政教分離の原理に基づき，2004年3月に「宗教標章禁止法（スカーフ法）」が成立します．その法は，公立学校における宗教的標章の着用を禁止するものですが，最も影響を受けるのはイスラーム教徒です．また，イスラームには政教分離の規定がないために，フランス共和制とは相容れないという意見も繰り返し語られています．以上のような法や見方が移民系のイスラーム教徒を追いつめ，2005年秋の「郊外暴動」を引き起こす一因となったという指摘もあります．共存と社会的平和のためには，偏見を持つのではなく，このテクストが示唆するように，イスラームを内側から知る努力が必要であることは確かでしょう．

[**Notes**]

1. **gouaille**:「あざけり，あざ笑うような口調」．
2. **la veille du ramadan**:「ラマダーンの前日」．le matin, le soir, la veille, le lendemain などは，状況補語となるとき，前置詞をとらないことが多い．
3. **Pour prier ... pour faire**: 両方の動詞とも，意味的には，Bektha est venue à Paris pour prier, pour faire ... というかたちで，前文の venir を受けている．

7. VU DE LOIN, VU DE PRÈS

d'Oise »*. C'est son mari qui l'a construit. Leur vie est là. « *Je suis arrivée en France en 1958*, j'avais trois ans. Mes parents venaient d'Algérie. Je n'ai connu que la France. Je me sens plus française qu'algérienne.* » Bekhta regrette seulement de ne pas comprendre l'arabe. Elle ne lit pas le Coran dans le texte[8]. Elle ne regarde pas Al-Jazira, ni aucune chaîne arabe. « *Chez nous, c'est TF1 et Canal+* »*, lance-t-elle. Le vendredi, elle vient à la mosquée de la rue de Tanger*, à Paris, parce que « *le cheikh[9] parle en français pendant le sermon* ».

Bekhta et son mari sont de pieux musulmans, qui récitent les cinq prières quotidiennes[10]. Leurs enfants ne prient pas, mais cela n'a pas l'air d'inquiéter leur mère: « *Ils sont jeunes...* » Tous feront le ramadan. C'est comme un rite collectif, une atmosphère mi-pieuse, mi-festive, qui va baigner la famille pendant un mois. « *L'important, c'est de ne pas manger seul,* assure Bekhta[11]. *On cuisine un peu plus que d'habitude. Si un invité vient à l'improviste, il sera le bienvenu. Il faut aussi partager avec les voisins.* » Les voisins, qui sont chrétiens, commencent à avoir une assez bonne connaissance de l'islam, grâce à la cuisine de Bekhta. Ils profitent du couscous[12] pendant le ramadan, des pâtisseries pour l'Aïd el-Fitr et du mouton pour l'Aïd el-Kebir*. Tout un calendrier culinaire[13]! « *Il faut être généreux et bon* », répète Bekhta.

Déborah, elle, vivra le jeûne toute seule. Cette jeune femme de vingt et un ans s'est convertie à l'islam il y a un an. Sa meilleure amie s'était convertie peu de temps auparavant, et elle a fini par l'imiter, vaincue à force de[14] conversations et d'arguments. Ses parents, « *catholiques non pratiquants* », ne sont pas vraiment ravis de son choix. « *Ils sont traumatisés* », reconnaît Déborah. Pourtant, c'est chez eux qu'elle va vivre son deuxième ramadan. « *Le premier s'est bien passé, l'année dernière. Ma mère avait peur que je maigrisse, que je tombe d'inanition.* »

La jeune femme secoue ses boucles blondes et fait tinter deux médaillons en or, qui pendent à son cou. L'un représente le nom d'Allah, calligraphié en arabe. L'autre une sourate du Coran* — « *je ne sais pas laquelle* », avoue-t-elle. Elle ne cache

TEXTE 2   LE RAMADAN

生き生きとした，民衆的な会話の再現を試みているためか，この文章には，動詞が省略された不完全な文型が多用されている．

4. **chorba:**「スープ」．レシピは多様で，肉や魚の料理の前に食べることもあれば，一品で食事となることもある．
5. **cannelle ... coriandre:** cannelle「シナモン」．carvi「クミン」．coriandre「コリアンダー」．
6. **Tout cela en quantité:**「それらすべてを大量に」．前述のどの部分を受けているのかわかりにくい．直前は，スープに何を入れるかが語られているが，後続の文から判断すると，「それらすべてを大量に入れる」ではなく，「大量にスープ用のスパイスを購入した」ということかと思われる．
7. **pavillon:**「(郊外の)一戸建ての家」．
8. **dans le texte:**「原文で」．
9. **cheikh:**「(イスラーム教徒の)長老，導師」．cheik, chaykh とも綴る．
10. **les cinq prières quotidiennes:** 毎日5回(早朝，正午，午後，日没，夜)，マッカ(メッカ)に向かってアラビア語で礼拝をおこなう．イスラーム五行の1つで，イスラーム教の祝日である金曜日は，モスクに集まっておこなうことが奨励される．
11. **assure Bekhta:**「～と，Bekhta は断言する」．引用文中にあるが，引用された言葉を発する主体の動作を表す文言で，主語と動詞を倒置する．
12. **couscous:**「クスクス」．蒸した小麦のスムール(挽き割りにした粗粒状の小麦)に，羊，鶏，メルゲーズ(牛，羊肉で作った辛味のあるアラブ風ソーセージ)と野菜を添え，スープをかけて食べる料理．
13. **Tout un calendrier culinaire:** tout un, toute une は，誇張的に用いられて，「まるで～である」のような意味に用いられる．
14. **à force de** + 無冠詞名詞:「大いに～したので」．
15. **Et ce sont:** Et ce qui commence, ce sont . . . / Et ce qui en résulte, ce sont . . . などとおぎなって読む．
16. **ceux-ci** 前文には，les croyants des autres religions「他宗教の信者たち」と les athées「無神論者たち」が続いて現れる．ceux-ci は，両者のうちで近い方を示している．
17. **Je les ai préparés:** les は，前文の collègues を受けている．「一緒に昼食に行かないということを，同僚に予告しておいた」ということ．
18. **un peu du ramadan dans une famille musulmane:** 通常，un peu は，un peu de café, un peu d'argent のように，〈de + 無冠詞名詞〉というかたちで用いられる．しかしここでは，ramadan dans une famille musulmane がひとまとまりであるために，du が用いられている．« belle famille » は「配偶者の家族」．引用符に入っているのは，厳密には配偶者の家族ではなく，fiancé(婚約者)の家族であるため．
19. **super:** くだけた会話でよく用いられる，不変化の形容詞．「すごい，すばらしい」の意味．

7. VU DE LOIN, VU DE PRÈS

pas son identité musulmane. Elle la revendique même. Et ce sont[15] d'interminables conversations au bureau, dans l'agence de communication pour laquelle elle travaille, dans le Sentier*, à Paris.

« *J'aime qu'on me pose des questions sur ma foi. Mais je me rends compte que les croyants des autres religions me comprennent mieux que les athées. J'ai plus de mal avec ceux-ci*[16]. *Par exemple, je leur explique qu'on essaie d'être meilleurs pendant le ramadan, de penser davantage aux autres. Alors, ils me répliquent: "Et pourquoi tu ne fais pas cela toute l'année?"* » Cette semaine, Déborah n'ira pas déjeuner avec ses collègues, dans les petits troquets du Sentier. « *Je les ai préparés*[17]. *Ça fait deux jours que je leur en parle.* » Elle ira faire des courses, prier à la mosquée. Ou bien elle se plongera dans l'un de ces livres qu'elle dévore: des témoignages de convertis célèbres. Elle évoque pudiquement son fiancé. Un Tunisien, pas du tout pratiquant. [65] [70] [75]

La première fois, l'an passé, il a accepté de suivre le jeûne avec elle. Et la jeune femme a vécu un peu du ramadan dans une famille musulmane[18], sa « *belle-famille* ». « *L'ambiance, c'était quelque chose de super*[19], *je n'ai jamais connu une solidarité aussi forte, le sentiment d'appartenir à une communauté . . .* » [80]

ベルヴィル界隈

TEXTE 2　LE RAMADAN

[**Lexique**]

[6]　**Belleville**: 1860年にパリ市に併合された，19区と20区にまたがった高台に位置する地域．かつては庶民的な下町であったが，20世紀に入って移民が多く住むようになり，ユダヤ系，ロシア系，アラブ系，そして近年ではアジア系の人々が集まり，首都で最も多民族的な雰囲気を作り出している．口絵7も参照のこと．

[24]　**un patelin du Val-d'Oise**: patelinは，「田舎，村」を意味する．アラビア語に由来するbledという語も，同様の文脈でよく用いられる．Val-d'Oise「ヴァル・ドワーズ」は，パリ北方にある県の名．2005年10月から11月にかけて起きた暴動の発端となったのは，すぐ南隣のSeine-Saint-Denis「セーヌ・サン・ドニ」県である．いずれも，移民系の住民が多い．

[25]　**Je suis arrivée en France en 1958**: アルジェリア戦争は，1954年に始まり，1962年まで続いた．Bekhtaの家族がどのような立場だったかは語られていないが，彼女がフランスに来たのは，その戦争中である．

[30]　**Al-Jazira...Canal +**: Al-Jaziraは24時間放送されているカタールの衛星テレビ局．英語圏などでは，Al-Jazeeraと標記されている．TF1は，フランスで最も高い視聴率を誇る民間テレビ局．Canal+は，有料の大手民間テレビ局．

[31]　**rue de Tanger**: パリ19区にある通りの名．1979年以来，39番地にモスクがある．なお，Tangerは，地中海と大西洋が交わるあたりに位置するモロッコの都市．

[45]　**des pâtisseries pour l'Aïd el-Fitr et du mouton pour l'Aïd el-Kebir**: イード・アル・フィトルは，「断食明けの祭り」（[Contexte]を参照）．イード・アル・カビールまたはイード・アル・アドハーは「犠牲祭」とも呼ばれ，イブラヒームが神の命に従って息子を生け贄にしようとしたとき，天使が現れて代わりに羊を生け贄にしたことを記念しておこなわれる重要な祭り．イスラーム圏では，通常，羊を殺し，家族や親戚が集まって食事をする．

[60]　**sourate du Coran**: 「クルアーンの章」．イスラーム教の聖典であるクルアーンは，開祖ムハンマドに対してアッラーフが下した啓示だとされる．長さの異なる114章からなり，章は節（アーヤ）に分かれている．

[63]　**le Sentier**: パリ2区にある地域．ユダヤ人が多いことと，布地や衣料を扱う店が多いことで知られる．株式市場が近いこともあって，近年ではメディア，情報関連産業の進出も見られる．

TEXTE 3 ★★★ [CD 2 n° 19–23]
La tête à l'ombre

Albert Memmi

Je ne savais pas, avant de gagner l'Europe, que la Méditer- [1]
ranée était le paradis des couleurs. Pour moi, elle était ombres
et lumière. Le désert, qui est l'essence et le condensé de nos
pays, est un opéra de lumières. Profitant de[1] l'aube indécise,
des roses, des jaunes et des verts essaiaient timidement de [5]
s'affirmer, ils sont rapidement fondus dans le blanc éblouissant
du jour. Et si couleurs il y a[2], la mer n'est pas bleue, mais jaune
ou violette, la terre n'est pas brune, mais ocre ou rouge. C'est à
croire que[3] nous ne parlons pas des mêmes éléments!

Les femmes, pour être belles, devaient être d'une pâleur [10]
bleutée[4], réminiscence probable du harem[5]*, où de superbes
créatures rêvaient peut-être d'amour. Ici, pour être « bron-
zées[6] », les malheureuses doivent rôtir au soleil. Pourquoi
veulent-elles avoir la peau tannée comme les paysannes les
plus pauvres? [15]

Le soleil! Au début, lorsque j'apercevais un bébé tête nue
sur la plage, je me précipitais pour alerter les jeunes parents:
un chapeau! Une serviette sur la petite chair trop tendre! Ma
mère ne m'aurait jamais laissé sortir sans être ainsi protégé.
M'étant fait rabrouer[7] quelquefois, je n'ose plus; je souffre en [20]
silence devant cette barbarie, imaginant le pire, le nourrisson
déshydraté[8], malade le soir, fiévreux. Comment peut-on être à
ce point inconscient de la perversité du soleil?

Le Point, 15 août 1998.

TEXTE 3   LA TÊTE À L'OMBRE

[Contexte]

　近代国家という人類の比較的最近の「発明」をいったん傍らに置いて，大きなスケールで歴史を振り返ってみるとしたら，地中海と呼ばれる，この紛れもなく海であるが，しかし大地に囲われた地域が，人間の歴史にきわめて大きな影響力を発揮したことが見えてきます．エジプト，ギリシア，ローマと，古代の文明の多くが，そしてキリスト教，ユダヤ教，イスラーム教と，世界の一神教のほとんどすべてが，この地域で産み出されました．地中海は「光の国」です．明るい，柔らかなその光のなかで，世界における人間のあり方がくっきりとした輪郭を描きました．現代においてもなお，文化の基盤を形成しているいくつもの人間についての究極の思考が展開された場所なのです．

　けっして近代国家の枠組みではとらえきれないこの地中海という広大な地域を1つの歴史空間として浮上させたのが，フランスの歴史家フェルナン・ブローデル（1902–85）でした．かれはいわゆるアナール派と呼ばれる歴史学派を率いて多元多層的な歴史記述の方法を打ち立てました．

　1つの歴史的空間とはいえ，しかしそこにはさまざまな多様性が息づいてもいます．そしてその多様性は，しばしば抗争的でもあるのです．たとえば，地中海の南のアフリカ大陸側の地域と北のヨーロッパ側の地域とでは，地中海の見え方もまったく異なってきます．チュニジアの作家アルベール・メンミが雑誌《ル・ポワン》（1998年8月15日号）に寄せたこのテクストは，地中海の「光」が北岸の人間と南岸の人間とではどのくらい異なって受けとめられ，生きられているかから出発して，地中海の「栄光の歴史」がまた「対立抗争の悲劇的な歴史」であったことを思い起こしながら，そのありうべき未来を展望しようとしています．

　アルベール・メンミ（1920–　）は，チュニスのアラビア語を話すユダヤ人の家に生まれました．アルジェやパリで学び，1950年代からはフランスに定住して，パリ第10大学でも教えていました．小説としては『飲む人と恋する人』などがあります．

[Notes]

1. **profiter de**:「〜を利用して」．
2. **si couleurs il y a**:「たとえ色彩があるのだとしても」．s'il y a des couleurs の couleurs が前に出た形だから意味はほぼ同じではあるが，もちろん微妙に違っている．発話者が内容に責任をとっていないニュアンスが感じられる．
3. **C'est à croire que + 直説法**:「どうも〜のようだ」．
4. **être d'une pâleur bleutée**:〈être de + 名詞〉で形容詞と同様に，「そのような性質を持つ」という意味になる．「青みがかった白さ」ということ．
5. **réminiscence probable du harem**:「たぶんそうだと思われるがハーレムのレミニセンス（おぼろげな回想）」．直前の部分に対する同格的な表現なので réminiscence には冠詞がない．

121

7. VU DE LOIN, VU DE PRÈS

Lorsque, sous l'Occupation*, nous voyions les soldats allemands s'offrir torse nu au soleil, nous rigolions sournoisement; nous savions que le lendemain ils seraient comme des écrevisses ébouillantées. S'ils s'obstinaient, ils seraient couverts de cloques. Sur la plage ou sur les terrains de football, nous courions, nous jouions, nous bavardions, nous draguions, mais à l'ombre de préférence[9]. Le soleil, nous l'avions de surcroît, par hasard[10]. Mais s'allonger exprès au soleil! Sommes-nous donc des lézards? Lesquels d'ailleurs, contrairement à la légende, cherchent les coins d'ombre, comme nous. [25] [30]

Il faut croire que cette leçon n'a pas suffi aux Allemands, ni à nos nouveaux visiteurs, Anglo-Saxons, Scandinaves, Russes même, qui, ayant découvert les vertus supposées de la cuisson par le soleil, viennent en masse, avec pour se protéger (!), toutes ces graisses dont ils s'enduisent[11]. [35]

Curieusement, ils ne se baignent guère, alors que pour nous l'essentiel est la fréquentation directe de la mer. Relisez « Noces » de Camus*, son meilleur ouvrage; noces en effet, toujours renouvelées. Mais, après le bain, nous courions sur le sable en sautillant, pour ne pas nous brûler la plante des pieds[12]. Pour ne pas perdre le bénéfice de la fraîcheur et sombrer à nouveau dans la torpeur vertigineuse du plein été[13]. Le soleil rend fou, c'est connu, la lune aussi, d'ailleurs, qui donne la méningite[14] aux nourrissons. Nous connaissions tous des histoires d'insolation[15], qui serait une espèce de folie passagère, souvent avec fièvre et délire. [40] [45] [50]

Un jour, un vieillard qui se rendait à son café habituel aperçoit, juché sur une échelle, tête nue au soleil, son fils maçon en train de repeindre la façade d'une maison.

« *Quitte cette échelle!* lui ordonna-t-il[16], *tu vas tomber malade!*

— *Père, je te prie, poursuis ton chemin et laisse-moi travailler; je dois gagner de quoi nourrir mes enfants!*[17] » [55]

Le vieillard s'en alla, mais revint un moment après, portant l'un des enfants du maçon, qu'il déposa, sans chapeau, en plein soleil.

« *Ah, que fais-tu là?* cria le maçon, *retire cet enfant du soleil! Il* [60]

TEXTE 3　LA TÊTE À L'OMBRE

6. **bronzé:** 太陽で日焼けすること．
7. **M'étant fait rabrouer:** se faire rabrouer「はねつけられる」の，複合形の分詞構文．
8. **déshydraté:**「脱水症状を起こした」．
9. **de préférence:**「特に，好んで」．
10. **par hasard:**「たまたま，偶然に」（ここでは，皮肉いっぱいの表現）．
11. **toutes ces graisses dont ils s'enduisent:** もちろん，オリーブ・オイルなどのこと．
12. **pour ne pas nous brûler la plante des pieds:** 不定法の否定形では，ne pas が動詞の前に出る．la plante はここでは「植物」ではなく，「足の裏」の意味．「植物」との混同を避けるために la plante du pied (des pieds) という．
　なお，こうした代名動詞構文の場合，se（この文では nous）は間接目的補語として「身体の部分の所有者」を示すため，直接目的補語（この文ではplante）には，所有形容詞ではなく，定冠詞が付される．Ex.: Elle s'est cassé la jambe au ski.「彼女はスキーで足を骨折した」．
13. **la torpeur vertigineuse du plein été:**「真夏の目眩（めまい）がするような微睡（まどろみ）の状態」．
14. **méningite:**「(脳脊)髄膜炎」．
15. **insolation:**「日射病」．
16. **lui ordonna-t-il:** 会話を示す《　》のなかに，その会話を導く動詞が挿入されている．そのことをはっきり示すために倒置されている．「...と，彼は命じた」ということになる．動詞は単純過去となっていて，ここでは物語モードに変化したことが示されている．
17. **de quoi nourrir...:**〈de quoi + 不定法〉で「～するのに必要なもの，に足りるもの」という意味になる．Ex.: Vous avez de quoi écrire?「なにか書くものを持ってます？」
18. **tout de même:**「それでも，やはり」．
19. **magnésium:**「マグネシウム」．昔はこれを焚いて写真のフラッシュとした．
20. **malingre:**「虚弱な」．
21. **rabougri:**「生育の悪い，しなびて小さい」．
22. **Il leur aurait fallu plus d'eau et moins de clarté:** 条件法過去の用法で，「それらにはもっと多くの水ともっと少ない光が必要だったのに，現実にはそうではなかった」ということ．
23. **chacun a ses mythes et même ses contre-mythes:**「だれにでも」という表現で，所有代名詞は，son (sa, ses) を用いる．Ex.: Chacun a son défaut.「だれにでも欠点がある」．
24. **Pour les gens du Nord, la Méditerranée serait un immense club de vacances:**「北」の人びとにはそうでも，著者はそれを本当だと思っていないということが，条件法の使い方にはっきり現れている．club de vacances のいちばん有名なのは，言うまでもなく《 Club Méd. 》（地中海クラブ）である．

123

7. VU DE LOIN, VU DE PRÈS

va être malade.

— *Ainsi*, répondit le vieillard, *tu ne supportes pas de voir ton fils au soleil, tandis que moi je dois supporter d'y voir le mien!* »

Tout de même[18], n'a-t-on pas besoin de soleil? Si, bien sûr, le soleil est source de vie, mais à petites doses, sinon, comme le magnésium[19], il brûle! Grâce au soleil, nos fruits, nos légumes ont du goût, c'est vrai, mais, à cause du soleil, ils demeurent malingres[20], rabougris[21]; il leur aurait fallu plus d'eau et moins de clarté[22], or nous avons trop de clarté et pas assez d'eau. Comme dans la photographie, ce n'est pas le flash qui donne les meilleurs résultats.

Mais chacun a ses mythes et même ses contre-mythes[23]. Pour les gens du Nord, la Méditerranée serait un immense club de vacances[24], une espèce de paradis en effet. Voyez[25]: même la misère y est aimable, les mendiants souriants[26]. Pour les natifs, c'est une espèce de purgatoire*, une terre aride et sèche qu'il fallait fuir pour échapper au chômage (plus de 30%)[27]; pour trouver des femmes libres; pour desserrer l'emprise des superstitions. Parce que les institutions sont retardataires, voyez la condition des femmes, dont dépend l'éducation des enfants; parce que la situation sanitaire y est dangereuse; que la politique[28], à cause du chômage et de la misère, est devenue paroxystique[29], meurtrière quelquefois; que fleurissent les mythes passéistes*, voyez les intégrismes*. Oui, même en Italie, en Espagne, au Portugal, en Grèce, qui décollent à peine[30], grâce à une union plus intime avec le Nord. Les villes italiennes furent longtemps des villes musées[31]. Le romantisme de ses ruines rapporte encore à la Grèce davantage que[32] ses industries.

Sans doute la Méditerranée fut-elle un creuset bouillonnant de civilisations[33], à cause des facilités de la circulation maritime, de la douceur du climat, à l'époque où l'on ne maîtrisait pas l'énergie. C'est vrai qu'il y a eu Athènes, Rome, la Judée*, Constantinople. Sans doute, elle fut la matrice d'une explosion culturelle sans précédent dans l'Histoire (en attendant l'inventaire de la Chine et de l'Inde[34]). Elle fut tout cela, mais elle ne l'est plus. Une source ne fait pas un fleuve, un fleuve

TEXTE 3　LA TÊTE À L'OMBRE

25. **Voyez:**「見てごらんなさい」．例をあげているのだが，ここでもこれは著者の言葉ではなく，仮想の相手(「北」の人びと)の言い草をまねている．その皮肉のニュアンスを読み取ること．
26. **les mendiants souriants:** 動詞が省略されていることに注意．
27. **plus de 30%:** もちろん，taux de chômage (失業率) のことである．
28. **que la politique ... :** que は，前出の接続詞句 parce que の代用である．
29. **paroxystique:**「(病気が)最悪期の」．
30. **qui décollent à peine:**「かろうじて(経済的に)離陸しつつある」．
31. **Les villes italiennes furent longtemps des villes musées:** ここから再び単純過去が登場する．発話の現在とは関係なく，歴史的に定まった事実を記述する用法で，以下に続いて出てくる．単純過去も être, avoir, faire くらいは覚えておこう．
32. **davantage que:**「～より以上に」．
33. **un creuset bouillonnant de civilisations:**「文明の沸騰するるつぼ」．
34. **une explosion culturelle sans précédent dans l'Histoire (en attendant l'inventaire de la Chine et de l'Inde):**「中国やインドの文明についての詳細がもっとはっきりすれば sans précédent dans l'Histoire とまでは言えないかもしれないが，現時点では」，というニュアンス．inventaire は「目録」の意味だが，sous bénéfice d'inventaire という言い方は，「後で確認するという条件つきで」という意味になる．
35. **« Lac de paix », la Méditerranée? Allons donc!:**「〈平和の内海〉，地中海，ですって？　まさか！」aller の命令法はさまざまな間投詞的な役割を果たす．
36. **sans merci:**「情け容赦もなく」．
37. **la Méditerranée serait toujours un paradis hors du temps:** この条件法も note 24 と同じ使い方である．toujours は「常に」ではなく，「相変わらず」の意味．
38. **Nous en avons à vendre:**「売るほどある」．
39. **Bénie soit la mémoire du pays d'enfance:**「幼年時代の国の思い出に祝福あれ」．願望・命令などを表わす独立節で，que に先立たれることなく用いられる接続法に注意．Ex.: Dieu soit loué!「ありがたや；やれやれ」．
40. **ne peuvent dispenser de l'industrialisation ... :** pouvoir は否定の pas がよく省略される．dispenser A de B は，「A に B を免除する」という表現．
41. **rente perpétuelle:**「永久国債，永久年金」だが，もちろん比喩的に用いられている．
42. **Il faudrait l'en ramener:** l' は何か？　en は何を指すか？
43. **concert:**「一致，協力」．
44. **par-delà:**「彼方に」．

[**Lexique**]

[11]　**harem:** ハーレム(イスラム教徒の家の婦人たちの部屋)．

125

7. VU DE LOIN, VU DE PRÈS

ne remplit pas la mer. Il y a eu depuis bien d'autres affluents dans la culture universelle.

« Lac de paix », la Méditerranée? Allons donc![35] Elle fut au moins autant un lac de sang, comme partout. On ne dit pas assez avec quelles cruautés furent conduites les expéditions de Rome*. La domination ottomane* fut une exploitation sans pitié; elle fut sans merci[36] pour ceux qui lui résistaient, voyez les Arméniens*. L'esclavage des Noirs est dû à la complicité des rabatteurs arabes et des négociants européens, avec l'aide quelquefois des chefs de villages noirs.

Et maintenant? Quel peut être l'avenir de la Méditerranée? N'est-ce pas cela le plus important? Evidemment pas le retour au passé. Quel passé? Encore un autre mythe, ou un contre-mythe, entretenu par les écrivains et les agences de voyages: la Méditerranée serait toujours un paradis hors du temps[37]. Vous avez faim de couleurs, de soleil et d'artisanats? Nous en avons à vendre[38], dans les meilleures conditions. Bénie soit la mémoire du pays d'enfance[39]; personne n'a le droit d'empêcher quiconque de jouir de sa singularité. Délicieuse est la sieste, et le bavardage devant les portes jusqu'aux heures avancées de la nuit. Mais le sirtaki* et la danse du ventre ne peuvent dispenser de l'industrialisation[40], du fax et des remèdes nouveaux.

En tout cas, tout cela est bien loin; il n'y a pas de rente perpétuelle[41] en Histoire. Les techniques et la science, donc la production des richesses, donc l'invention culturelle, sont remontées au Nord. Le Nord a gagné la bataille, la civilisation s'est déplacée. Il faudrait l'en ramener[42]; comment? La Méditerranée est aujourd'hui encore un ensemble de peuples vaincus, à la démographie incontrôlée. Il faut enfin, après cette longue éclipse, que ces peuples retrouvent une juste place dans le concert[43] des peuples. Et cela intéresse tout le monde. L'Europe ne tiendra pas éternellement comme une forteresse sous-peuplée au milieu de multitudes affamées*. Personne aujourd'hui n'est totalement indépendant, pas même les puissants. Il faudrait, de concert, maîtriser la démographie; organiser les flux migratoires; conquérir une relative autosuffisance. Peut-être faudrait-il, par-delà[44] les nations, les reli-

TEXTE 3　LA TÊTE À L'OMBRE

[24] **l'Occupation:** もちろん第二次世界大戦中のドイツ軍によるフランス（フランス植民地も含む）の占領（1940–44）のこと．

[42] **« Noces » de Camus:** アルベール・カミュの『結婚』（1939）．地中海世界をテーマとする散文集．最初期の作品だが，地中海と青春の芳香が強烈に立ちのぼってくる．

[76] **purgatoire:** 煉獄（キリスト教で，魂が天国に行くまえに浄化のために罪の償いをする苦しみの世界）．

[84] **les mythes passéistes:** 過去（passé）主義的な神話（過去をよしとし，そこに戻ろうとする思潮のことだろう）．

[84] **les intégrismes:** 保守十全主義（伝統的な教義に忠実なあまり近代化を拒否する思潮）．「原理主義 fondamentalisme」とほとんど同義．

[93] **la Judée:** ユダヤ（古代ユダヤ王国のあった地域）．

[103] **les expéditions de Rome:** ローマ帝国による討伐（カルタゴのことを考えてみればよい）．

[103] **la domination ottomane:** オスマン帝国の支配．たとえばメンミの祖国チュニジアは，16世紀半ば以降，オスマン帝国の属国として，「パシャ」と呼ばれる太守および麾下の軍人集団による，厳しい支配を受けた．やがて西欧列強の植民地時代を迎え，1889年，フランスの保護領となった．

[105] **les Arméniens:**「アルメニア人たち」．ここでは，1915年以降，オスマン・トルコが帝国内のキリスト教徒であるアルメニア人たちの大量殺戮をおこなったとされる事件を指している．なお，トルコ政府はこの事実を公式には認めておらず，現在でもこの問題は係争の焦点となっている．

[118] **le sirtaki:** ギリシアの民族舞踊の1つ．

[130] **multitudes affamées:**「飢えた多数者」．最近では，マイケル・ハートとアントニオ・ネグリの『帝国』（2000）によって，「マルチチュード」という概念が独立して用いられるようになってきた．

7. VU DE LOIN, VU DE PRÈS

gions et les idéologies, fonder des unions régionales. Pour tout le monde enfin, atteindre, par-delà les singularités, une vocation universelle. [135]

北アフリカの働く人
Stephen St John / NATIONAL GEOGRAPHIC IMAGE COLLECTION / Getty Images

TEXTE 3   LA TÊTE À L'OMBRE

「日射しを避けて」語り合う老人たち(チュニジア)
© BEL PRESS. COM

図版出典一覧

口絵
図1　《ベリー公のいとも豪華なる時禱書》　コンデ美術館蔵.
　　　© Photo RMN / René-Gabriel Ojeda / distributed by Sebun Photo
図2　「ろくまるの風景・鉄道写真館」　http://www2r.biglobe.ne.jp/~rokumaru/
図3　アンリ・マティス《画家の娘——マティス嬢の肖像》（1918年）　大原美術館蔵. © 2006 Succession H. Matisse, Paris / SPDA, Tokyo
図4　パトリック・ドゥ・ヴォス作成.
図5　*Charles Marville* [Photo Poche], Centre National de la Photographie, 1996, no. 16.
図6　Jacques Prévert, *Paroles*, Éditions du Point du Jour, 1945, 表紙.
図7　写真撮影，森元庸介.
図8　© BELPRESS.COM

1. Quelle planète pour demain?

p. 4　*Atlas mondial du développement durable*, Éditions Autrement, 2002, p. 12–13.
p. 5　同上，p. 13.
p. 8　写真撮影，宮下志朗.
p. 9　*Atlas mondial du développement durable*, p. 40.

2. Un peu, beaucoup, passionnément . . . , pas du tout

p. 17　（上）　*Brèves: Actualité de la nouvelle* 37 (Roger Grenier), Atelier du Gué Éditions, s.d.
p. 17　（下）　Roger Grenier, *Une Nouvelle pour vous*, Éditions Gallimard, 2003, 表紙.
p. 25　「フランソワーズ・アルディ・ベストセレクション」BVCP-2650. アルバムジャケット.

3. L'autre et son image

p. 31　ラファエロ・サンティ《バルダッサーレ・カスティリオーネの肖像》（1514–15 年）ルーヴル美術館蔵.

p. 32　アンリ・マティス《ピアニスト，アンリ・ジル=マルシェの肖像》（1924 年）国立西洋美術館蔵. © 2006 Succession H. Matisse, Paris / SPDA, Tokyo

p. 40　J.M.G. Le Clézio, *L'Africain*, Mercure de France, 2004, p. 11.

p. 41　同上，p. 84.

p. 47　三谷一馬『江戸職人図聚』立風書房，1984 年，「図聚・解説」折込図版.

p. 48　Jost Amman and Hans Sachs, *The Book of Trades*, Dover Publications, 1973, p. 90.

p. 49　Claude Lévi-Strauss, *Saudades do Brasil*, Plon, 1994, p. 191.

4. Le retour des troubadours

p. 54　Hervé Bréal, *Georges Brassens de A à Z*, Éditions Albin Michel, 2001, p. 31.

p. 55　Jean-Paul Sermonte (dir.), *Georges Brassens: Le Prince et le Croquenote*, Éditions du Rocher, 1990, p. 39.

p. 60　（上）*Boris Vian: C'est joli de vivre*, Éditions du Chêne, 1999, p. 48.

p. 60　（下）同上，p. 143.

p. 61　同上，p. 88.

p. 66　Gérard Lenne, *Georges Brassens: le vieil indien*, Éditions Albin Michel, 2001, p. 76.

p. 68　Monique Watrin, *Brel: La quête du bonheur*, Éditions Sévigny, 1990, p. 20.

5. Société urbaine, société virtuelle

p. 85　『NIRA 政策研究』VOL. 12, No. 10, 総合研究開発機構，1999 年，p. 14.

p. 88　Émile Zola, *L'Assommoir*, C. Marpon et E. Flammarion, 1878, 扉. 宮下志朗所蔵.

p. 89　*Eugène Atget's Paris*, Taschen, 2001, p. 141.

6. Les mots en jeu, l'enjeu du poème

p. 97　Jacques Prévert, *Fatras*, Éditions Gallimard, 1966, p. 176.

p. 100　（上）*Rimbaud. L'œuvre intégrale manuscrite* (Cahier 1), Les éditions Textuel, 1996, p. 41.

p. 100　（左下）*Rimbaud. L'œuvre intégrale manuscrite* (Cahier 3), Les éditions Textuel, 1997, p. 206.

p. 100　（右下）　*Rimbaud. L'œuvre intégrale manuscrite*（Cahier 1), p. 80.

p. 104　（上）　*Manet: 1832–1883*, Éditions de la Réunion des musées nationaux, 1983, p. 157.

p. 104　（下）　同上，p. 300.

7. Vu de loin, vu de près

p. 112　Agota Kristof, *L'analphabète*, Éditions Zoé, 2004, 表紙.

p. 118　写真撮影，森元庸介.

p. 128　Stephen St John / NATIONAL GEOGRAPHIC IMAGE COLLECTION / Getty Images

p. 129　© BELPRESS.COM

CD トラック対照表（[ ]は行数を示す）

CD 1
1. タイトル
2. La croissance démographique (1): [0]〜
3. La croissance démographique (2): [21]〜
4. Les forêts (1): [0]〜
5. Les forêts (2): [24]〜
6. Le café devant la gare de Cornavin (1): [0]〜
7. Le café devant la gare de Cornavin (2): [38]〜
8. De l'amour et de la vie (1): [0]〜
9. De l'amour et de la vie (2): [27]〜
10. Tous les garçons et les filles
11. Le portrait (1): [0]〜
12. Le portrait (2): [37]〜
13. Le corps (1): [0]〜
14. Le corps (2): [28]〜
15. Le corps (3): [65]〜
16. L'image symétrique de nous-mêmes (1): [0]〜
17. L'image symétrique de nous-mêmes (2): [33]〜
18. L'image symétrique de nous-mêmes (3): [76]〜
19. Pauvre Martin
20. Le déserteur
21. Le dernier repas

CD 2
1. タイトル
2. Informer n'est pas communiquer (1): [0]〜
3. Informer n'est pas communiquer (2): [32]〜
4. Informer n'est pas communiquer (3): [74]〜
5. Paris — est, ouest et dehors (1): [0]〜
6. Paris — est, ouest et dehors (2): [35]〜
7. Paris — est, ouest et dehors (3): [75]〜
8. Paris — est, ouest et dehors (4): [122]〜
9. Paroles (1): Paris at Night
10. Paroles (2): Sang et plumes
11. Paroles (3): Le message
12. Paroles (4): Pour faire le portrait d'un oiseau
13. Le Dormeur du Val
14. Les Chats
15. L'analphabète (1): [0]〜
16. L'analphabète (2): [41]〜
17. Le ramadan (1): [0]〜
18. Le ramadan (2): [47]〜
19. La tête à l'ombre (1): [0]〜
20. La tête à l'ombre (2): [24]〜
21. La tête à l'ombre (3): [51]〜
22. La tête à l'ombre (4): [72]〜
23. La tête à l'ombre (5): [108]〜

CD 録音	Patrick De Vos／Estrellita Wasserman／Marie-Noëlle Shinkai-Ouvray
制作補助（院生）	小澤真／関俣賢一／谷本道昭

Promenades — En France et ailleurs
東京大学フランス語教材
［テキスト＋**CD 2 枚**］

2006 年 9 月 22 日　初　版
2018 年 11 月 15 日　第 3 刷

［検印廃止］

編　者	東京大学教養学部フランス語部会
発行所	一般財団法人　東京大学出版会

代 表 者　吉見俊哉

153–0041 東京都目黒区駒場 4–5–29
電話 03–6407–1069・FAX 03–6407–1991
振替 00160–6–59964

印刷所	研究社印刷株式会社
製本所	誠製本株式会社

© 2006　Département de français, Université de Tokyo, Komaba
ISBN 978–4–13–082126–1　Printed in Japan

［分売不可］添付のコンパクト・ディスクを著作権者の許可なくダビング，複製，放送することは，法律により禁じられています。

JCOPY 〈(社)出版者著作権管理機構　委託出版物〉
本書の無断複写は著作権法上での例外を除き禁じられています．複写される場合は，そのつど事前に，(社)出版者著作権管理機構（電話 03–3513–6969，FAX 03–3513–6979, e-mail: info@jcopy.or.jp）の許諾を得てください．

書名	判型	価格
異郷の誘惑 石井洋二郎	46	3200円
〈悪しき〉文化について 足立信彦	A5	3800円
表象文化論講義 　絵画の冒険 小林康夫	A5	3500円
漢字テキストとしての古事記 神野志隆光	A5	2200円
万葉集をどう読むか 神野志隆光	A5	3000円
まなざしのレッスン1 三浦篤	A5	2500円
まなざしのレッスン2 三浦篤	A5	2700円
Passages — De France et 　d'ailleurs ［オンデマンド版］ 東京大学教養学部フランス語部会編	菊	2000円
Prismen ［テキスト＋CD 2枚］ 東京大学教養学部ドイツ語部会編	菊	3200円
Horizonte 東京大学教養学部ドイツ語部会編	菊	1900円
東大英単 東京大学教養学部英語部会編著	A5	1800円
Jブンガク ロバート キャンベル編	A5	1800円

ここに表示された価格は本体価格です．ご購入の際には消費税が加算されますのでご了承下さい．